建築学入門シリーズ

建築構造の計画

◆寺本隆幸／著

森北出版

建築学入門シリーズ監修委員会

■委員長　谷口汎邦（東京工業大学名誉教授・工学博士）
■委　員　平野道勝（東京理科大学名誉教授・工学博士）
　　　　　乾　正雄（東京工業大学名誉教授・工学博士）
　　　　　若色峰郎（(元)日本大学教授・工学博士）
　　　　　柏原士郎（大阪大学名誉教授・工学博士）
　　　　　関口克明（(元)日本大学教授・工学博士）
　　　　※天野克也（東京都市大学教授・工学博士）　※幹事

構造・材料専門委員会

■主　査　平野道勝（東京理科大学名誉教授・工学博士）
■委　員　寺本隆幸（東京理科大学名誉教授・工学博士）
　　　　　和田　章（東京工業大学名誉教授・工学博士）
　　　　　桑原文夫（日本工業大学名誉教授・工学博士）
　　　　　林　静雄（東京工業大学名誉教授・工学博士）
　　　　　穂積秀雄（新潟工科大学名誉教授・工学博士）

（2017 年 1 月現在）

●本書の補足情報・正誤表を公開する場合があります．当社 Web サイト（下記）で本書を検索し，書籍ページをご確認ください．
https://www.morikita.co.jp/

●本書の内容に関するご質問は下記のメールアドレスまでお願いします．なお，電話でのご質問には応じかねますので，あらかじめご了承ください．
editor@morikita.co.jp

●本書により得られた情報の使用から生じるいかなる損害についても，当社および本書の著者は責任を負わないものとします．

JCOPY〈(一社)出版者著作権管理機構 委託出版物〉
本書の無断複製は，著作権法上での例外を除き禁じられています．複製される場合は，そのつど事前に上記機構（電話 03-5244-5088，FAX 03-5244-5089，e-mail: info@jcopy.or.jp）の許諾を得てください．

シリーズ刊行の序

200万年を越える人類進化の過程で人間と建築の関係は多様な歴史を経ている．地球環境の連続的な変化と集団生態としての人類の英知は地球上の各地域において独自の生活を開拓し，建築・都市の世界文化遺産を残した．

しかし，地球上のどの地域にも人間が住む環境をつくることができるようになったのは，産業革命後のたかだか過去200年余りのことである．その後20世紀の科学技術の急速な進歩は，地球環境の複雑で精緻なシステムに介入しはじめ，地球環境問題や資源・エネルギー問題を生じさせた．またこの100年の間世界人口が16億から62億へと爆発的に増加するなど，建築をとりまく自然環境・社会環境の不連続ともいえる変化が進行している．このような状況に対応することも21世紀の建築・都市の新しい課題であろう．20世紀のわが国近代化の歩みの中で育まれた独自の建築学・建築技術そして芸術の総合としての建築が国際的にも高い評価を得ている現在，グローバル社会の動向を踏まえながらも，国土固有の環境を再確認し，持続可能な環境文化として建築・都市・地域を発展させることが期待される．建築学の専門分野としては，

（1）建築歴史・意匠　　　（2）建築計画・都市計画

（3）建築構造・建築材料　（4）建築環境・設備

があり，これらを踏まえて建築設計と建築技術・生産活動が展開する．

本シリーズは，はじめて建築の学習を志す方々のために編集されたもので高等専門学校，大学・短大とこれに準ずる学校を主たる対象として建築をつくる目標に向けて，その基礎基本の考え方と知識の育成に供し，さらに建築設計という総合化プロセスに求められる思考と能力の習熟に資することを目標にしている．現在，建築に関する国家資格の種類も数多くあるが，例えば建築士試験には4学科目と建築設計製図がある．これらを目標とするときにも本シリーズは学習を支援できると考えている．

監修委員会

構造・材料専門委員会　序文

建築という言葉には広い意味があるが，建物を意味していると受取る人が多いことと思う．建物の形を作り出し，それを支えているものが建築構造である．

私たち人類は，はるか昔から建物を造ってきたが，古くは，建物は伝承された経験と知恵によるわざで建てられてきた．そして，数々の願いとあきらめ，成功と失敗が繰り返されてきた．しかし，時代と共に建物に対する要求は高度化し，より大きく，より安定し，より過酷な環境に耐えられることが求められるようになり，それに応えて科学技術としての建築構造学が創り出された．

建物構造技術の最も基本的な課題は，建物を安全に保つこと，すなわち破壊させないことである．そのためには，二つのことがわからなければならない．その一つは，重力をはじめとして強風や大地震などの建物の安全を脅かすものの性質を知ることである．もう一つは，それらが襲ってきたときの建物の対応状況・性質の予測である．この両者を知ることで，建物に安全性を与えることができることが納得できることと思うが，一方，それを実現させることが容易でないことも推察できることと思う．したがって，建築構造の先端技術は高度な専門技術者のものであるが，基本技術は建築関係者のだれでもが身に付けなければないものであり，正しく学習すれば十分理解できるものである．本シリーズは，基本となることがらを精選し，それらを一般の建築入門者が興味を持ってやさしく学べるように工夫したものである．

本シリーズでは，構造・材料分野の続刊として，「鉄筋コンクリート構造」「建築構造の計画」「建築構造力学」そして「鉄骨構造」などを計画している．

2002 年 9 月

構造・材料専門委員会

まえがき

建築物は，人類の祖先が森から出て地上生活を始めて以来，人が安全に住まう場所として機能してきた．人々は，主として自然条件から発生する各種の危険に対して，建物の中にいることで守られることを期待してきた．すなわち，人は家の中では危険がなく，休息し安らぐことができると考えている．

このような歴史を踏まえて，自然条件に抵抗して質の良い建築空間を安全に支えることが，建築構造物に課せられた使命といえる．また，個々の建築物がそれぞれの時代に建てられる目的に応じて，それを満足する建築空間や機能を確保するための性能も必要である．

建築構造物の設計は，求められている建築空間を**安全性・耐久性・経済性**をバランスさせながら作り上げることにある．そのときに，合理性に裏打ちされた**良質の空間**が，建物に要求された内容（**機能性**）を満足しながら成立していれば成功したことになる．

構造設計では，主として建築物の安全性を考えることになるが，上記の空間性，機能性，耐久性，経済性を考えながら，全体とのバランスを取っていくことが必要である．安全性自体は重要な設計要因ではあるが，あくまでも建築物全体の性能の一部であることを忘れてはならない．

安全性に対する考え方は，「常時に支障なく，異常時に耐える」という内容につきる．安全性に対する検討は，建築物に作用する自然条件（荷重・外力）に対して構造物が耐えられるかどうかを確認することになり，この場合に安全率（想定した荷重・外力の何倍まで耐えられるか）を考える必要がある．

また，安全性と経済性は相反する性格のものであり，社会的に必要な最低限の安全性（civil minimum），建物の用途，建築主の意向などを考えて，これらのバランスを図らねばならない．単に安全率を大きく取ればよいというものではなく，合理性を持ったものであることが必要である．安全率を決めるということは，損害保険に入る場合の保険金額をどう決めるかに似たことであり，その必要性と経済性を十分に認識，検討しなければならない．

「常時に支障なく」を拡大解釈すると，建物が満足して使用されるためには，常時性能としての機能性が絶対的な必要条件となる．一般的な建物では，それほど厳しい機能要求があるわけではない．むしろ，空気のように人々が気づかなく生活してくれれば，機能性が満足されているといえる．電算センターやIC工場などの特殊な用途の建物では，機能性確保は建物の本質的性能に関係した非常に重要な条件となる．

一般的な建築物における構造設計の流れは，

荷重・外力の設定 → 応力計算 → 部材応力算定 → 安全性検討

というものである．本書では，最初に，構造設計に関わる事項をこの流れに沿って概説し，次に，構造種別，構造形式，耐震設計といった，建築構造の基礎知識を説明している．最後の部分では，構造計画，構造設計の基本的事項を説明する．

「建築構造の計画」という内容は，本来は建築構造に関する知識を極めた上で，建物全体と構造のあり方を理解しながら，幅広く議論すべき内容である．しかしながら，教材として考える場合には，そのような幅広い紹介を行うことは不可能である．このため，本書は「建築構造およびその設計に関わる基本的事項」を紹介することを基本とし，各項目の詳細な事項は「鉄筋コンクリート構造」などのほかの教科により紹介されるものとした．この意味で，内容が網羅的，概説的でありすぎたかもしれないが，建築構造を全体的に理解してもらおうとする意図から出たものであることから，ご容赦頂ければ幸いである．

本書は，筆者が20年余にわたり「構造計画」の講義を行ってきた際に，使用してきた教材を主体にまとめたものである．必ずしも建築構造の専門家になることを目指した人のみならず，一般教養的に建築構造の知識を得たいと思う人をも対象として，数式を使うことなく建築構造の概要を理解してもらうことを試みている．

最後に，本「建築学入門シリーズ」の一冊として取り上げて頂き，ご指導頂いた谷口汎邦，平野道勝両先生に深く感謝の意を表する次第である．

2003年11月

著　者

目次

第1章　荷重

第2章　設計方法

第3章　構造種別と基礎構造

第4章　構造形式

第5章　耐震設計

第6章　構造計画と構造設計

第1章

荷重

建築物は，常時荷重に耐え使用に支障を生じることなく，非常時にも安全性を損なうことがあってはならない．この常時・非常時に建築構造物に作用するものは，自然条件と人の行為による荷重である．

雪，風，地震などは明らかに自然現象であるが，自重，積載による荷重は重力加速度の作用によりに鉛直下向きに生じるものであり，重力加速度を自然条件の一種と見なせば，これも自然の力とも考えられる．すなわち，作用荷重に耐えることは，建築物が自然環境に耐えて存続することである．

一般的な建築物に作用する荷重としては，固定荷重，積載荷重，雪荷重，風荷重，地震荷重があり，建築基準法・同施行令にその詳細が定められている．また，日本建築学会は，「建築物荷重指針」[1)] を刊行しており，建築基準法とはやや異なる考え方を示している．

東京フォーラムの大屋根

1.1 固定荷重

固定荷重 (G：dead load；略号 D.L.) は，鉛直下向きに作用する建物自体の重量 (柱，梁，床，仕上など) による荷重であり，自重 (gravity load) とも言う．固定荷重は，各建物の実情に応じてその重量を算定する．どこまでが固定荷重で，どこから積載荷重かは厳密には定め難いが，移動が不可能で固定的なものは固定荷重，家具などのような移動可能なものや人の重量は積載荷重と見なしている．

以下に，床面にある床と梁の荷重算定の例を示す．荷重は，床や壁のような面的なものは面積当たりを算定して面積を乗じ，柱や梁のような部材的なものは長さ当たりを算定して部材長さを乗じて集計する．

また，代表的な仕上げ材の組み合わせ荷重例を**表 1.1** に示す．

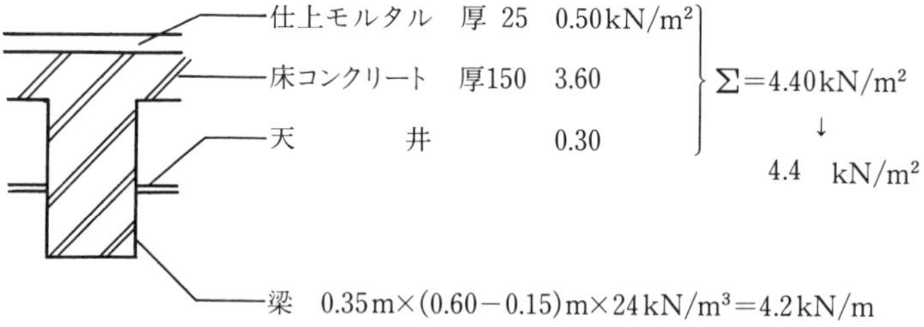

図 1.1　床面荷重の例

表 1.1　建築物固定荷重の例[1)]　　(単位：kN/m²)

用途	住宅		事務所				全平均
構造種別	RC	SRC	S	RC	柱梁 SRC	柱 SRC 梁 S	
最上階	13.5/5.6	16.1/5.2	10.6/5.0	16.3/4.4	16.3/5.6	13.9/3.6	13.7/5.6
一般階	13.1/2.1	13.6/2.2	7.4/1.6	13.9/2.4	13.1/2.0	10.3/1.7	11.4/3.3
1 階	16.8/6.0	18.3/5.5	13.2/9.5	14.7/3.4	17.1/5.7	13.7/5.2	15.4/7.2
地 階	33.2/24.0	28.4/13.4	26.1/11.1	30.4/26.5	23.2/9.5	34.1/22.5	28.3/17.0

注）数値は，(床面積当たりの平均値)/(標準偏差) を示す．

代表的な材料の単位荷重としては，以下のようなものがある．

- 普通コンクリート　23 kN/m^3　・板ガラス　25 kN/m^3
- 鉄筋コンクリート　24 kN/m^3　・普通れんが　19 kN/m^3
- 鉄骨鉄筋コンクリート　25 kN/m^3　・処理木材　5 kN/m^3 (集成材)
- 鋼　79 kN/m^3　・大理石　26 ～ 29 kN/m^3

柱，梁，壁，床，固定的仕上げ材料などの各部荷重を建物全体にわたって集計すると，建物全体の重量が算定できる．233 例の建物重量を用途別に計算した例を，**表 1.2** に示す．

通常の住宅や事務所建物の重さは，下記の程度である．

- 鉄筋コンクリート (RC) 造　12 ～ 15 kN/m^2 (平均約 13)
- 鉄骨 (S) 造　6 ～ 9 kN/m^2 (平均約 7)
- 鉄骨鉄筋コンクリート (SRC) 造　13 ～ 16 kN/m^2 (普通コンクリート使用)
10 ～ 12 kN/m^2 (人工軽量コンクリート使用)

表 1.2　仕上げ材料の組み合わせ荷重

(a)　床

略　図 (寸法単位：mm)	名　称	仕上材料 (寸法単位：mm)	単位面積 重　量 (N/m^2/cm)	床面 1 m^2 の重量 (N/m^2)	備　考
床 1 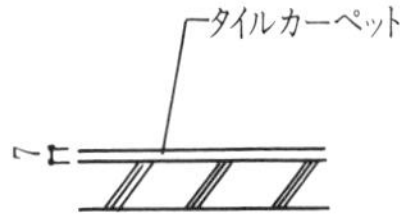	カーペット張り	タイルカーペット $t=7$	―	70	
床 2 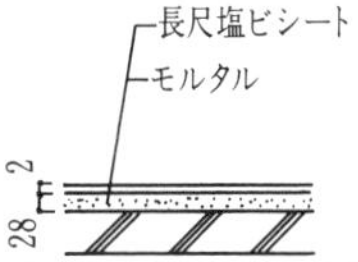	長尺塩ビシート張り	長尺塩ビシート $t=2$ モルタル $t=28$	― 200	30 560 590	施行令 200 N/m^2/cm 〔モルタル塗〕
床 3 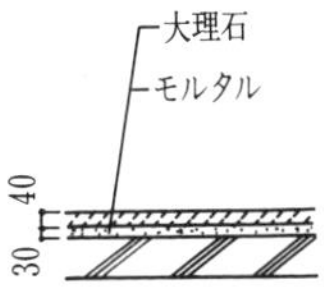	大理石張り	大理石 $t=40$ モルタル $t=30$	270 200	1080 600 1680	

(b)　屋根

略　図 (寸法単位：mm)	名　称	仕上材料 (寸法単位：mm)	単位面積 重　量 (N/m²/cm)	屋根面 1 m² の重量 (N/m²)	備　考
屋根 1 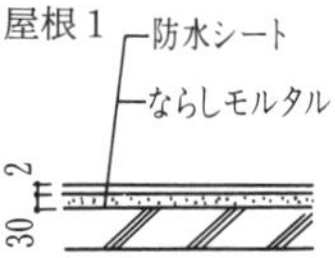	シート防水	防水シート $t=2$ ならしモルタル $t=30$	— 200	30 600 630	
屋根 2 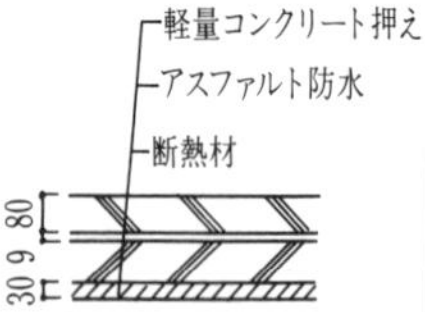	アスファルト防水	軽量コンクリート $t=80$ アスファルト防水 $t=9$ 断熱材 (フォームポリスチレン) $t=30$	190 — 3	1520 150 10 1680	
屋根 3 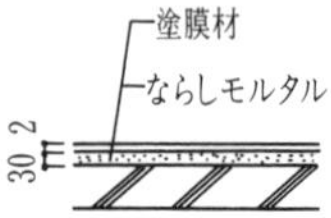	塗膜防水	塗膜材 (合成ゴム系) $t=2$ ならしモルタル $t=30$	— 200	30 600 630	

(c)　壁

略　図 (寸法単位：mm)	名　称	仕上材料 (寸法単位：mm)	単位面積 重　量 (N/m²/cm)	壁面 1 m² の重量 (N/m²)	備　考
壁 1 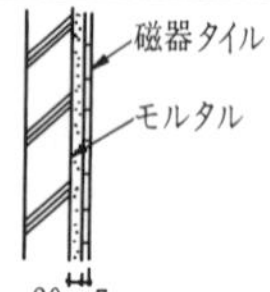	磁器タイル張り	磁器タイル $t=7$ モルタル $t=20$	— 200	150 400 550	
壁 2 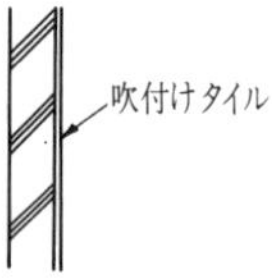	吹付けタイル	下　塗 吹付け 上　塗	—	30	
壁 3 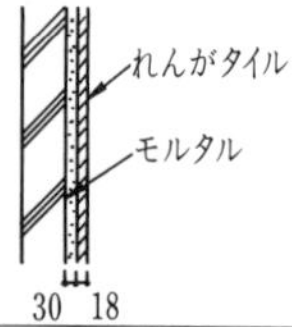	れんがタイル張り	れんがタイル $t=18$ モルタル $t=30$	— 200	320 600 920	

(d)　天井

略　図 (寸法単位：mm)	名　称	仕上材料 (寸法単位：mm)	単位面積 重　量 ($N/m^2/cm$)	天井面 1 m^2 の重量 (N/m^2)	備　考
天井 1 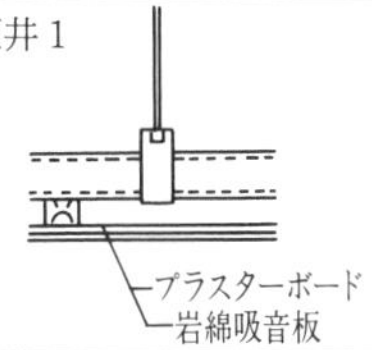 	岩綿吸音板	岩綿吸音板 $t=12$ プラスターボード $t=9$ 吊り材	40 75 —	50 70 50 170	
天井 2 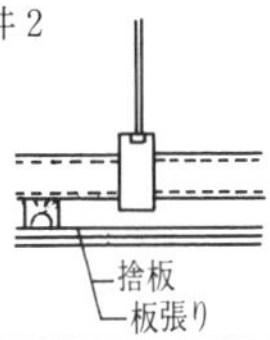 	板張り	板張り 捨　板 吊り材	— — —	60 60 50 170	
天井 3 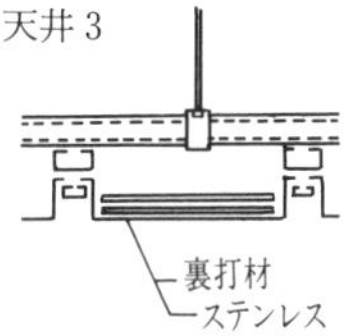 	ステンレス パネル	ステンレスパネル $t=1.2$ 裏打材 $t=10$ 吊り材	— — —	150 70 50 270	

1.2　積載荷重

1.2.1　建築基準法による積載荷重

積載荷重 (P：live load；略号 L.L.) は，人間や家具などの建物床に載るものの重量による荷重であり，鉛直下向きに作用する．積載荷重は，建物を人が利用するために必然的に発生する荷重であり，建物をどのように使用するかに応じて設定することとしているが，実際には建築基準法・施行令に定めた標準値 (**表 1.3**) を用いることが多い．

積載荷重は，家具などのように原則的には移動可能であり，模様替えが行われると変化するものを想定している．建築物は数十年の長い供用期間があるので，その間の使われ方や人の生活方法の変化に対応していけるような荷重値とする必要がある．現状では，1950 年に定められた建築基準法による値を通常は使用しているが，その間に大きな社会的変動を生じたにもかかわらず，積載荷重値としてはあまり変化していないようである．

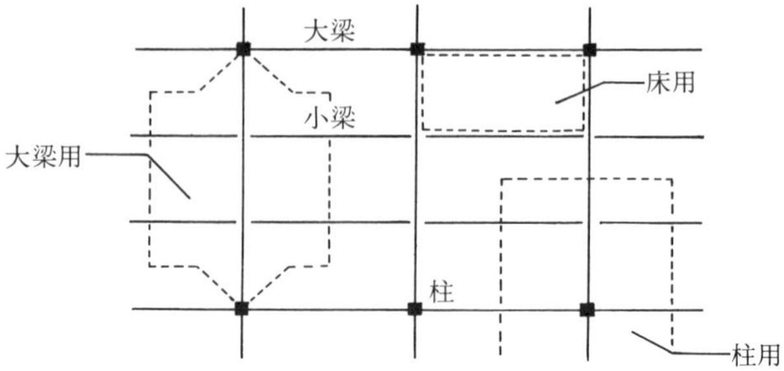

図 1.2　対象面積

表 1.3　積載荷重(「建築基準法」施行令)　　　(単位：kN/m²)

構造計算の対象 ＼ 室の種類			(い) 床の構造計算をする場合	(ろ) 大梁，柱又は基礎の構造計算をする場合	(は) 地震力を計算する場合
(1)	住宅の居室，住宅以外の建築物における寝室又は病室		1.80	1.30	0.60
(2)	事務室		2.90	1.80	0.80
(3)	教　室		2.30	2.10	1.10
(4)	百貨店又は店舗の売場		2.90	2.40	1.30
(5)	劇場，映画館，演芸場，観覧場，公会堂，集会場その他これらに類する用途に供する建築物の客席又は集会室	固定席の場合	2.90	2.60	1.60
		その他の場合	3.50	3.20	2.10
(6)	自動車車庫及び自動車通路		5.40	3.90	2.00
(7)	廊下，玄関又は階段		(3)から(5)までに掲げる室に連絡するものにあっては，(5)の「その他の場合」による．		
(8)	屋上広場又はバルコニー		(1)の数値による．ただし，学校又は百貨店の用途に供する建築物にあっては，(4)の数値による．		

注）倉庫業の倉庫では，3.90 kN/m² 以上の積載荷重値を用いる．

積載荷重は床用，柱梁用，地震用と区別され，対象とする床面積の大きさを考慮して定められている．建築基準法の荷重値を説明するのに，集中度・衝撃度を使用して**表 1.4** のような解釈が行われたこともあるが，最近は対象とする

表 1.4　積載荷重の解釈例

(教室の場合)	人間：0.75 kN/m² 　　家具：0.35 kN/m²
床　用	人間　集中度　衝撃度　家具　集中度 $0.75 \times 2 \times 1.25 + 0.35 \times 1.0 = 2.23 \rightarrow 2.30$ kN/m²
柱梁用	$0.75 \times 1.8 \times 1.25 + 0.35 \times 1.0 = 2.04 \rightarrow 2.10$ kN/m²
地震用	$0.75 + 0.35 \times 1.0 = 1.10 \rightarrow 1.10$ kN/m²

表 1.5　積載荷重の略算値(「建築物荷重指針」)[1]　(単位：kN/m²)

室用途 ＼ 対象部位	床	大梁・柱・基礎
(1) 住宅の居室	1.8	1.2
(2) ホテルの客室(ユニットバスを含まない)	1.0	0.6
(3) 事務室，研究室	2.6	2.0
(4) 百貨店，店舗の売場	3.8	2.6
(5) 電算室(配線部分を含まない)	5.6	4.2
(6) 自動車車庫及び自動車通路	4.0	2.7
(7) 一般書庫	7.7	5.8
(8) 劇場，映画館，ホール，集会場，会議室，教室など人間荷重が主体の用途	2.9	2.2

面積の影響を重視している．対象面積とは，計算対象に応じて定める面積のことで，**図 1.2** に示したように，床用，柱梁用，地震用に分けられている．

1.2.2　建築物荷重指針の積載荷重

日本建築学会の建築物荷重指針では，面積低減係数の概念を導入して，

面積低減係数　$C_{R1} = 0.6 + 1.6/\sqrt{A_I}$　(一般用途)

$C_{R1} = 0.7 + 1.3/\sqrt{A_I}$　(教室)

としている．ここに，A_I：影響面積 (m²) で，$A_I \geq 18$ m² である．

教室で床面積を仮定し，基本積載荷重強さ ($L_o = 1.80$ kN/m²) と等分布換算係数 C_E (床用＝1.6，柱梁用＝1.2) を乗じると，積載荷重値 L は，

床用　$A_I = 8.0\,\mathrm{m} \times 4.0\,\mathrm{m} = 32.0\,\mathrm{m}^2$，(柱スパン 8.0 m×8.0 m の半分)

$C_{R1} = 0.93$，$L = 1.80 \times 1.6 \times 0.93 = 2.68$　kN/m²

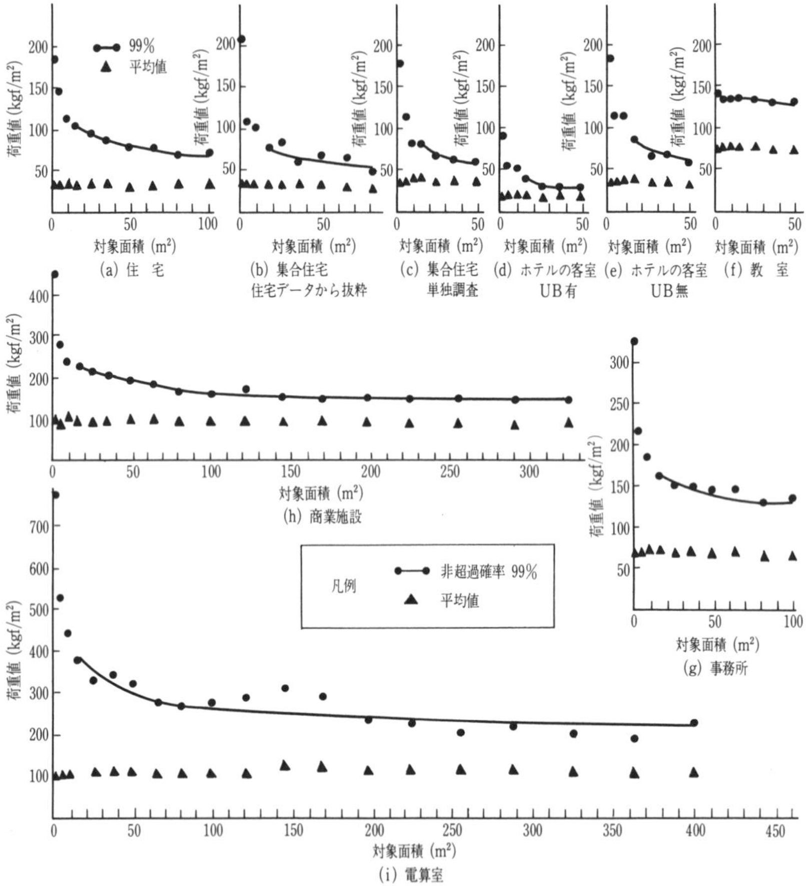

図 1.3　面積の違いによる平均重量への影響 (物品＋人間)[1]

柱梁用　$A_I = 8.0\,\mathrm{m} \times 8.0\,\mathrm{m} = 64.0\,\mathrm{m}^2$,

$C_{R1} = 0.86$,　$L = 1.80 \times 1.2 \times 0.86 = 1.86 \quad \mathrm{kN/m^2}$

となり，ほぼ**表 1.3** の建築基準法の値と一致する．

1.3　積雪荷重

建築基準法に定める積雪荷重 (S：snow load) は，積雪の単位重量に屋根の水平投影面積とその地方の垂直積雪量を乗じて求める．

すなわち，積雪荷重 $S=p\times A\times d$　(N)

ここに，p：積雪の単位荷重 20 以上 (N/cm/m^2 すなわち 1cm ごとに N/m^2)

A：屋根の水平投影面積 (m^2)

d：垂直積雪量 (cm)

積雪の単位重量 p は，根雪などの積雪期間の影響を受ける．一般には $p=20$ とするが，多雪区域ではこれより大きな値を用いることもある．

垂直積雪量 d は，各地の 50 年再現期待値 (年超過確率 2％ に相当する) に基づいて定める．以後の計算では d は m 単位で計算されているから注意する．

$$d=\alpha\cdot ls+\beta\cdot rs+\gamma$$

ここに，d：垂直積雪量 (m)

α，β，γ：区域に応じた数値

ls：区域の標準的な標高 (m)

rs：区域の標準的な海率

東京，千葉，神奈川，埼玉，静岡，愛知の標高 10m，海率 0 の地域では，

$$d=0.0050\times10-0.06\times0.0+0.28=0.33\,\mathrm{m}=33\,\mathrm{cm}$$

となる．

多雪地域としては，垂直積雪量が 1.0m 以上の地域，または積雪の初終間日数の平均値が 30 日以上の区域としている．実際に採用される垂直積雪量の値は，各地の特定行政庁が定めている．最大級の垂直積雪量としては，500 年再現期待値を用い，50 年値の 1.4 倍 (一般地域では 1.44 倍，多雪地域では 1.35 倍を丸めたもの) とする．

また，雪下ろしを行う地方においては，垂直積雪量を 1m まで減らすことができる．垂直積雪量を減らして設計した場合は，出入口などに軽減の状況を表示する．積雪量は，環境に大きく左右される．吹きだまり，地形，風向・風速，冬期日射，融雪装置，雪おろしなどの影響を受けるので，それらを考慮して設計用の値を定める必要がある．

屋根の積雪荷重は，屋根に雪止めがある場合を除き，その勾配が 60 度以下の場合においては，屋根形状係数を乗じた数値とし，その勾配が 60 度を超える場合は 0 とすることができる．

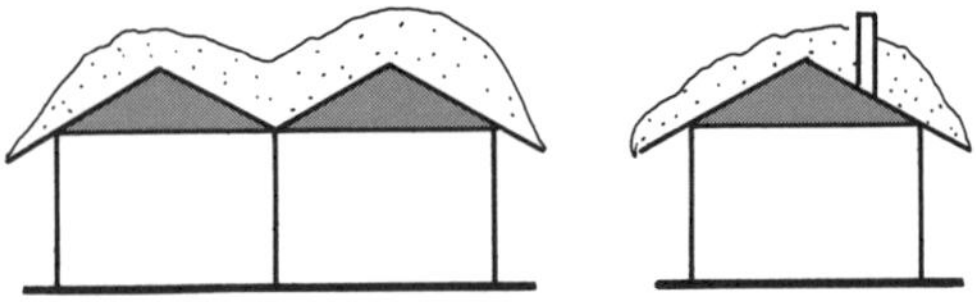

図 1.4　屋根形状の影響

$$\mu b = \sqrt{\cos(1.5\beta)}$$

ここに，μb：屋根形状係数（β＝15 度で 0.96，30 度で 0.84，45 度で 0.62）

β：屋根勾配（度）

必要に応じて，屋根勾配のみではなく，**図 1.4** のような屋根形状や煙突の存在などの影響を考慮する．

1.4 風荷重

1.4.1 風荷重の性質

地球上の物体は，空気の移動によって生じる風の作用を受ける．特に，建築構造物は，空気の流れに抵抗して動かないため，空気の流れが歪められた結果として風圧力を受ける．

表 1.6　歴代最大風速表　　（『気象年鑑 1994』より）

順位	地　名	最大風速 (m/s)	風向	年月日	気象現象	観測所
1	室戸岬（高知）	69.8	WSW	1965. 9.10	台風 23 号	気象官署
2	細　島（宮崎）	69.3	S	1951.10.14	ルース台風	灯　台
3	佐田岬（愛媛）	67.1	SE	1951.10.14	ルース台風	灯　台
4	室戸岬（高知）	66.7	WSW	1961. 9.16	第 2 室戸台風	気象官署
5	都井岬（宮崎）	65.0	SSW	1954. 9. 7	台風 13 号	灯　台
6	神威岬（北海道）	63.3	SSW	1954. 9.27	洞爺丸台風	灯　台
7	宮古島（沖縄）	60.8	NE	1966. 9. 5	第 2 宮古島台風	気象官署
8	佐多岬（鹿児島）	58.8	WSW	1954. 9.26	洞爺丸台風	気象官署
9	土佐沖ノ島（高知）	57.5	NW	1970. 8.21	台風 10 号	灯　台
10	南大東島（沖縄）	57.0	NE	1930. 8. 9	台　風	気象官署

参考記録）東京：31.0 m/s（1938.9.1），富士山：72.5 m/s（1942.4.5）

風速値の評価には，最大風速（10分間の平均値）と最大瞬間風速（2～3秒間の平均値）が用いられ，最大瞬間風速/最大風速を突風率（gust factor）と呼ぶ．

わが国において，強風は季節風と台風によって生じ，最大風速は台風によって生じる．台風による最大風速の観測値を，**表1.6**に示す．

1.4.2 建築基準法による風荷重

風荷重（W：wind load）は，次式により与えられる．

風荷重 $W=w\cdot A$ （N）

風圧力 $w=q\cdot Cf$ （N/m²）

速度圧 $q=0.6\,EV_0^2$ （N/m²）

ここに，E：屋根の高さや周辺状況による係数

V_0：その地方における過去の台風の記録に基づく基準風速（30 m/s から 46 m/s までの数値）

Cf：風力係数

A：受風面積（風が吹きつける面積：m²）

（1） 速度圧 q

暴風による速度圧 q は，平均風速による速度圧を q_{ave} とすると，ガスト影響係数 G_f を用いて，$q=G_f\cdot q_{\mathrm{ave}}$ となる．

一方，建築物に作用する風速は，当該建築物の周辺の地表状況と建築物の高さにより決定される E_r をその地方における基準風速 V_0 に乗じて求められる．また，$q_{\mathrm{ave}}=1/2\cdot\rho\cdot V_{\mathrm{ave}}^2$ であるから，両者をあわせると

$$q=G_f\cdot q_{\mathrm{ave}}=G_f\cdot\{1/2\cdot\rho\cdot(E_r\cdot V_0)^2\}=0.6\cdot G_f\cdot E_r^2\cdot V_0^2$$

となり，$E=G_f\cdot E_r^2$ とおくと，

$$q=0.6\cdot E\cdot V_0^2$$

という表現が得られる．

（2） ガスト影響係数 G_f（**表1.7**）

ガスト影響係数は，風の時間的変動により建築物が揺れたときに発生する最大の力を算定するための係数であり，地表面の状況（地表面粗度区分）と屋根の高さに応じて定められる．なお，わが国の建築物の多くは，地表面粗度区分 III にある．

表1.7　ガスト影響係数 G_f

<table>
<tr><td colspan="2" rowspan="2">屋根の平均高さ
(m)</td><td>(1)</td><td>(2)</td><td>(3)</td></tr>
<tr><td>10 m 以下
の場合</td><td>10 m を超え
40 m 未満の場合</td><td>40 m 以上
の場合</td></tr>
<tr><td rowspan="4">地 表 面
粗度区分</td><td>I</td><td>2.0</td><td rowspan="4">(1)と(3)に掲げる数値を直線的に補間した数値</td><td>1.8</td></tr>
<tr><td>II</td><td>2.2</td><td>2.0</td></tr>
<tr><td>III</td><td>2.5</td><td>2.1</td></tr>
<tr><td>IV</td><td>3.1</td><td>2.3</td></tr>
</table>

地表面粗度区分	
I	都市計画区域外にあって，極めて平坦で障害物がないものとして特定行政庁が規則で定める区域
II	都市計画区域外にあって地表面粗度区分 I の区域以外の区域(建築物の高さが 13 メートル以下の場合を除く)又は都市計画区域内にあって地表面粗度区分IVの区域以外の区域のうち，海岸線又は湖岸線(対岸までの距離が 1,500 メートル以上のものに限る．以下同じ)までの距離が 500 メートル以内の地域(ただし，建築物の高さが 13 メートル以下である場合又は当該海岸線若しくは湖岸線からの距離が 200 メートルを超え，かつ，建築物の高さが 31 メートル以下である場合を除く)
III	地表面粗度区分 I，II又はIV以外の区域
IV	都市計画区域内にあって，都市化が極めて著しいものとして特定行政庁が規則で定める区域

(3)　平均風速の高さ方向の分布を表す係数 E_r (**図1.5**)

$$E_r = 1.7(H/Z_G)^{\alpha}$$

ここに，H：屋根の平均高さ(m)，$H < Z_b$ のときは $H = Z_b$ とする．

Z_b，Z_G：地表面粗度区分に応じた高さ(m)

α：地表面粗度区分に応じた係数

(4)　風力係数 Cf (**図1.6～図1.7**)

風洞実験によらない場合には，風力係数 Cf は

$$Cf = Cpe - Cpi$$

により算定する．ここに，

Cpe：閉鎖型および開放型建築物の外圧係数(外から垂直に押す方向を正)

Cpi：閉鎖型および開放型建築物の内圧係数(内から垂直に押す方向を正)

表1.8　各種係数

地表面粗度区分	I	II	III	IV
Z_b (m)	5	5	5	10
Z_G (m)	250	350	450	550
α	0.10	0.15	0.20	0.27

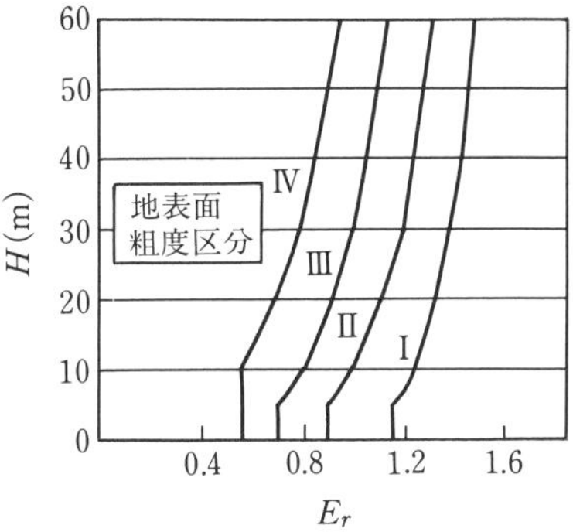

図1.5　E_r の高さ方向分布

各建物形状における $Cpe \cdot Cpi$ の値は，**図1.6**，**図1.7**および**表1.9**～**表1.13**による．各図表において，H，Z，B，D，kz，a，h，f，θ および ϕ はそれぞれ次の数値を，は風向を表すものとする．

H：建築物の高さと軒の高さとの平均（単位：m）

Z：当該部分の地盤面からの高さ（単位：m）

B：風向に対する見付幅（単位：m）

D：風向に対する奥行（単位：m）

kz：次に掲げる表によって計算した数値（**表1.9**に使用）

H が Z_b 以下の場合		1.0
H が Z_b を超える場合	Z が Z_b 以下の場合	$\left(\dfrac{Z_b}{H}\right)^{2\alpha}$
	Z が Z_b を超える場合	$\left(\dfrac{Z}{H}\right)^{2\alpha}$

a：B と H の2倍の数値のうちいずれか小さな数値（単位：m）

h：建築物の軒の高さ（単位：m）

f：建築物の高さと軒の高さとの差（単位：m）

θ：屋根面が水平面となす角度（単位：度）

ϕ：充実率（風を受ける部分の最外縁により囲まれる面積に対する見付面積の割合）

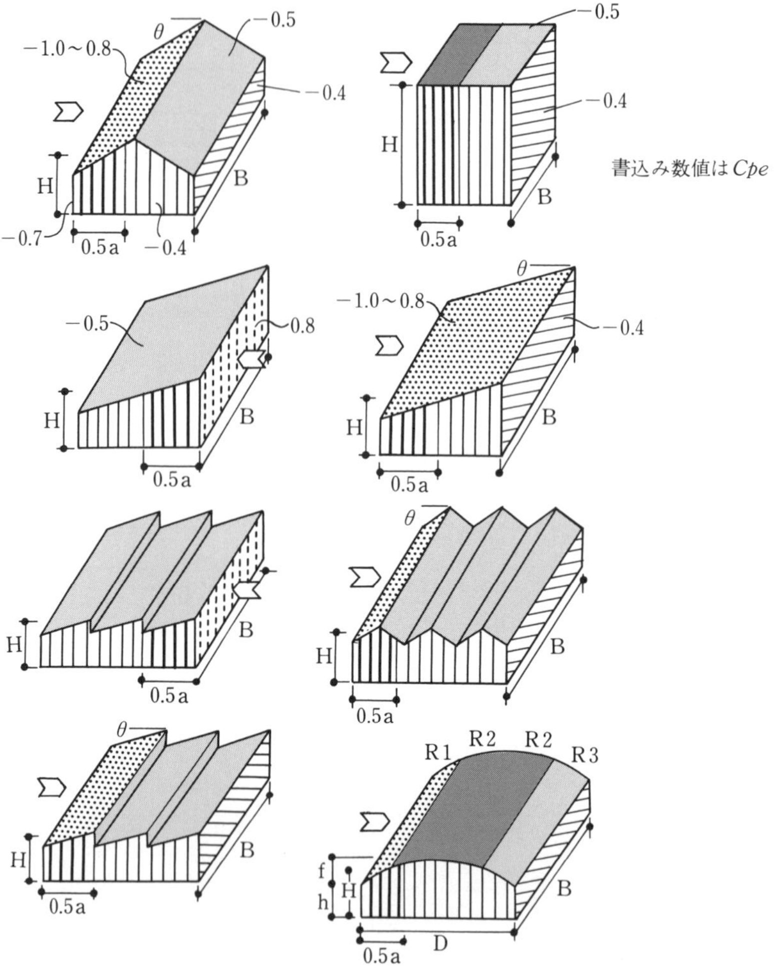

図1.6(a)　閉鎖型の建築物（張り間方向に風を受ける場合）

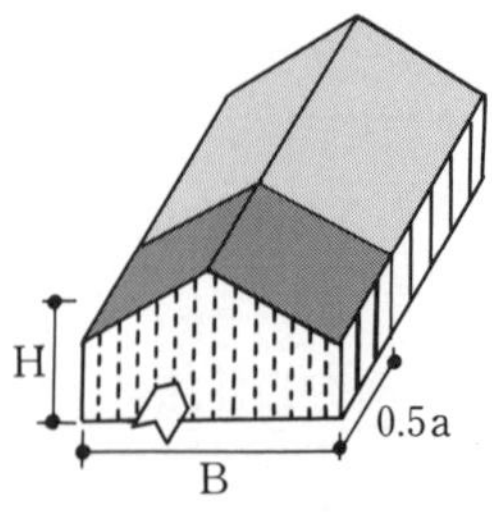

注）屋根面については，張り間方向に風を受ける陸屋根と同じ扱いとする．

図1.6(b)　閉鎖型の建築物（桁行方向に風を受ける場合）

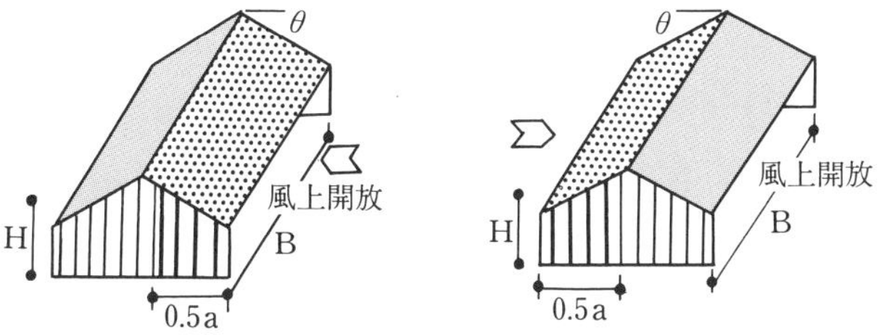

図 1.7　開放型の建築物

表 1.9　壁面の *Cpe*

部位	風上壁面	側壁面		風下壁面
		風上端部より 0.5a の領域	左に掲げる領域以外の領域	
Cpe	0.8 kz	−0.7	−0.4	−0.4

表 1.10　陸屋根面の *Cpe*

部位	風上端部より 0.5a の領域	左に掲げる領域以外の領域
Cpe	−1.0	−0.5

表 1.11　切妻屋根面，片流れ屋根面およびのこぎり屋根面の *Cpe*

部位 ／ θ	風上面		風下面
	正の係数	負の係数	
10 度未満	−	−1.0	−0.5
10 度	0	−1.0	
30 度	0.2	−0.3	
45 度	0.4	0	
90 度	0.8	−	

この表に掲げる θ の数値以外の θ に応じた *Cpe* は，表に掲げる数値をそれぞれ直線的に補間した数値とする．ただし，θ が 10 度未満の場合にあっては正の係数を，θ が 45 度を超える場合にあっては負の係数を用いた計算は省略することができる．

表 1.12　円弧屋根面の Cpe

<table>
<tr><th rowspan="3">部位
$\frac{f}{D}$</th><th colspan="4">R1 部</th><th rowspan="3">R2 部</th><th rowspan="3">R3 部</th></tr>
<tr><th colspan="2">h/D が 0 の場合</th><th colspan="2">h/D が 0.5 以上の場合</th></tr>
<tr><th>正の係数</th><th>負の係数</th><th>正の係数</th><th>負の係数</th></tr>
<tr><td>0.05 未満</td><td>−</td><td>0</td><td>−</td><td>−1.0</td><td rowspan="5">−0.8</td><td rowspan="5">−0.5</td></tr>
<tr><td>0.05</td><td>0.1</td><td>0</td><td>0</td><td>−1.0</td></tr>
<tr><td>0.2</td><td>0.2</td><td>0</td><td>0</td><td>−1.0</td></tr>
<tr><td>0.3</td><td>0.3</td><td>0</td><td>0.2</td><td>−0.4</td></tr>
<tr><td>0.5 以上</td><td>0.6</td><td>−</td><td>0.6</td><td>−</td></tr>
</table>

この表に掲げる h/D および f/D の数値以外の当該比率に応じた Cpe は，表に掲げる数値をそれぞれ直線的に補間した数値とする．ただし，R1 部において，f/D が 0.05 未満の場合にあっては正の係数を，f/D が 0.3 を超える場合にあっては負の係数を用いた計算を省略することができる．また，**図 1.6(a)** における円弧屋根面の境界線は，弧の 4 分点とする．

表 1.13　閉鎖型および開放型の建築物の Cpi

型式	閉鎖型	開放型	
		風上開放	風下開放
Cpi	0 および −0.2	0.6	−0.4

1.4.3　局部風圧

1.4.2 項の風荷重は，建物全体に作用する構造用風荷重であり，建物周辺の風圧力の平均値を定めている．建物の局部に作用する風荷重として，ガラスや屋根材などの仕上げ材に作用する部分的な風を考える場合は，より大きい風圧力をとる必要がある．

建築基準法では，「屋根ふき材及び屋外に面する帳壁の風圧」として，別に基準を定めている．一般的には，これらの局部風圧は構造用の風圧力よりは大きな値となっている．

1.5　地震荷重

1.5.1　地震動と建物

耐震設計を行うためには，地震という現象自体や地震動の性質をある程度理解しておくことが大切である．ここでは，基本的事項を述べるにとどめるが，科学雑誌や科学書などにより一般的な地震の知識を得ておくことも必要である．

（1） 地震動の性質

地震動とは，地下深くの岩盤内で生じた破壊衝撃が地表へ伝播してくるものである．地下岩盤の破壊を生じさせるものは，プレートテクトニクスと呼ばれるプレートの動きであり，それにより地球上に地震が発生しやすい地震帯があることや，周期的に地震が発生することが説明できる．

建物に作用する地震動は，地下に生じた衝撃が地盤の中を伝播してきて建物に到達することになるので，その特性は以下のように三つの特性に分けて考えられる．すなわち，

(地震動の特性)＝(震源特性)×(伝播経路特性)×(表層地盤特性)

である．

震源特性は，発生した衝撃の性質によるものであり，破壊した範囲の大きさ即ち地震の強さ (マグニチュード：M)，地震の発生メカニズムや場所による海洋性地震，内陸性地震の差異などに影響されると思われる．

伝播経路特性は，震源から建物までの距離である震源距離とその間の振動が伝わる岩盤がどのようなものかにより影響されると思われる．当然，距離減衰の効果により震源よりの距離が大きくなると，その地点の地震動は小さくなる．

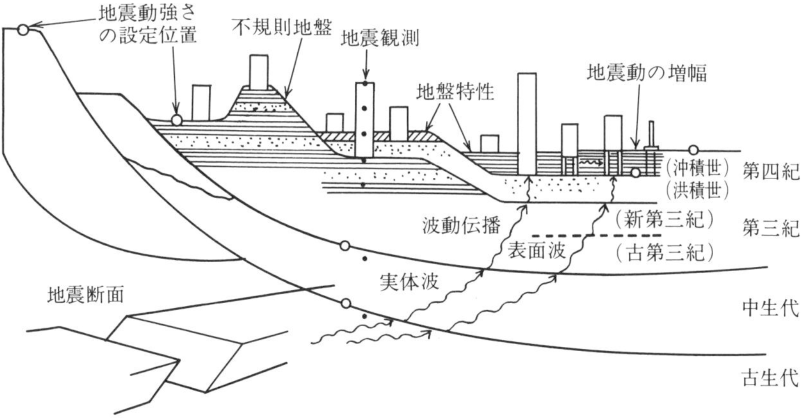

図 1.8　地震動の伝播

地下岩盤の深いところで発生した振動は，建物の直下近傍ではほとんど真下から垂直に上昇してくると考えられ，表層地盤特性はこの建物直下の表層地盤の影響により定められる．通常は，洪積層地盤を工学的地震基盤と見なして，それ以浅を表層地盤としている．表層地盤が，硬質地盤か軟弱地盤かの影響や建物付近の地形の影響を受けると思われる．

地震動の性質は，定性的にはこれらの要因により説明できるとによると考えられ，大方の傾向は研究されているが，いまだ不明要素も多い．地震動は地震時の地盤の動きとしてとらえられ，変位 (cm)，速度 (cm/sec)，加速度 (cm/sec^2) として記録することができる．明治時代より変位計による地震動観測が主として行われてきたが，工学的に使用される加速度は米国で観測が始まり，1941 年には米国のカリフォルニア州で有名な EL-CENTRO の地震記録が得られている．

わが国の代表的な加速度記録としては，1968 年の十勝沖地震時の八戸港，1978 年の宮城県沖地震時の東北大学，1995 年の兵庫県南部地震時の海洋気象台での記録などがある．

（2） 建物の地震時挙動

これらの観測された加速度記録や人工的に作成した模擬地震動などを，モデル化した建物に作用させ振動応答解析が行われる．地震時の建物の挙動は，建物を**図 1.10** のようにモデル化し，地震動を作用させたシュミレーション解析を行うことにより検討されてきた．

実在の建物での振動実験や地震観測結果の検討から，このモデルにより地震時の建物挙動を精度よく説明できることがわかり，一般的な知見も得られた．

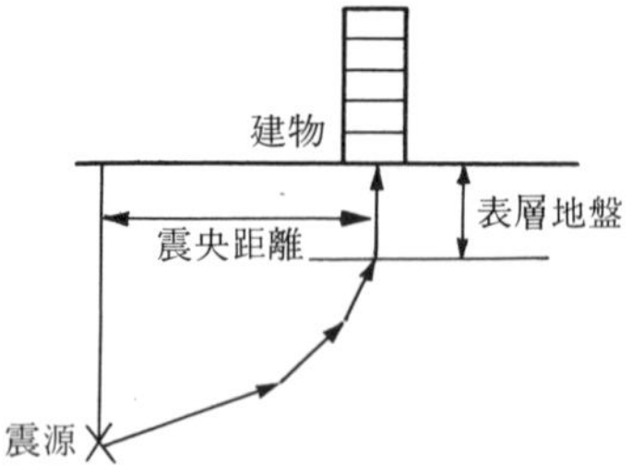

図 1.9　震源と建物

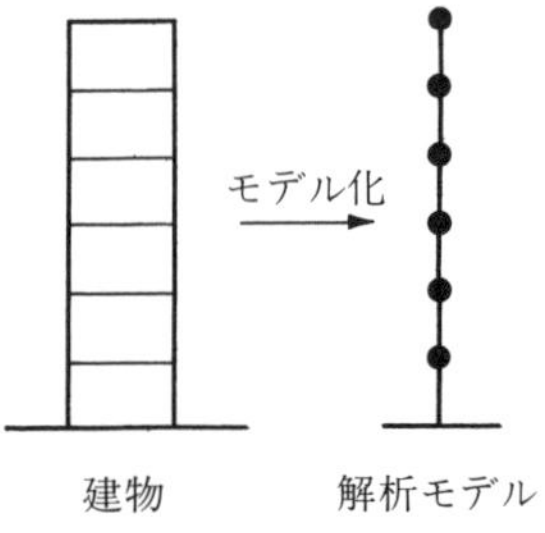

図 1.10　振動解析モデル

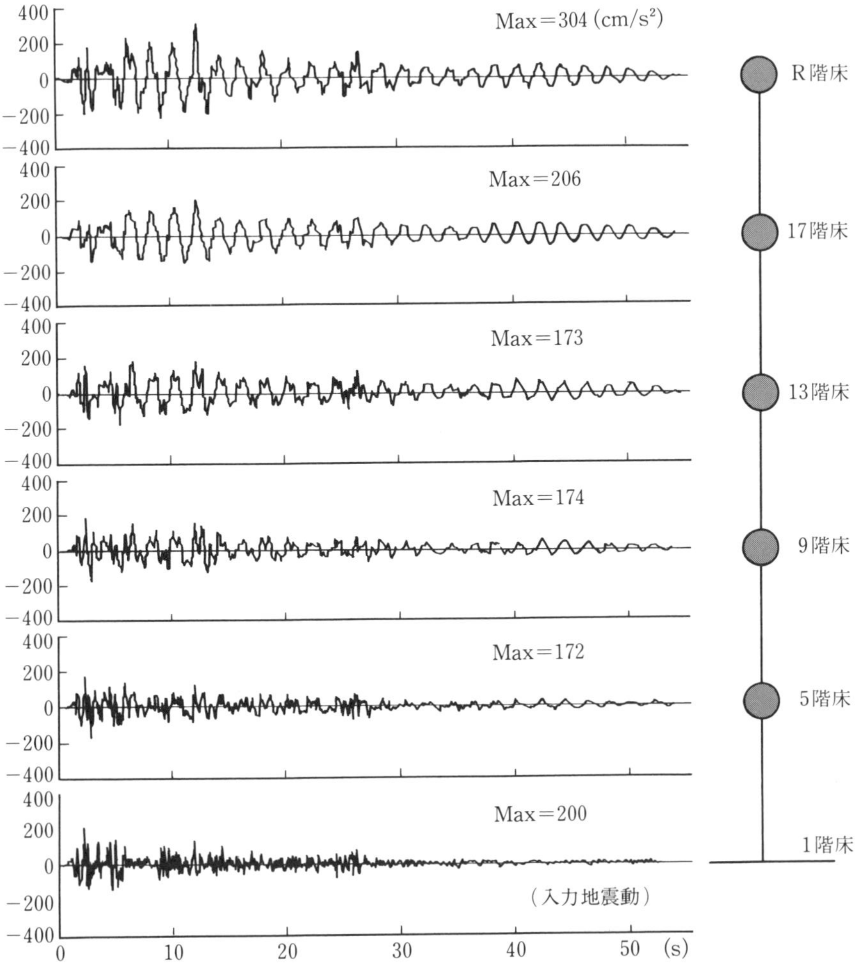

建物周期：T＝2.0 s (20 階建)
入力：ELCENTRO 1940 NS 200 cm/s²
減衰定数：2％

図 1.11　地震時の各階の床応答加速度

建物基部に作用した地震動加速度は，建物内部で増幅し上階へ行くほど大きくなる．この様子を，地震時の床応答加速度（建物内床位置での応答値）として示したものが，**図 1.11** である．

地震時建物挙動の一般的傾向は，

・地震動には水平成分と鉛直成分があるが，支配的なものは水平成分である．
・建物のゆれ（変位，速度，加速度）は上階ほど大きい．
・建物に生じる力（水平方向のせん断力）は下階ほど大きい．
・じん性の大きい建物は耐震性が高い．

などである．

現在の技術レベルにより，地震入力が確定できれば，ある程度の精度で建物挙動を説明できると言える．しかし，将来に作用するであろう地震入力を確定することは不可能であり，過去に記録されたものや地震動の一般的な性質を持たせた模擬地震動を使用するしかないのが現状である．このために，耐震設計には地震入力の不確定さという本質的な不明快さが内在しており，法律により定められた地震荷重に耐えればよいというものではない．

1.5.2　歴史地震

歴史地震の資料としては，古文書などの歴史的資料から作成されたものがあり，宇佐見龍夫による『日本地震被害総覧』[4]はその一例である．また，『理科年表』（国立天文台編）にも歴史地震と被害概要が示されている．最古の地震記録は，**表1.14**に示した『日本書紀』に書かれたものであり，わが国地震災害の1500年以上の歴史を感じさせる．

表1.14　最古の地震記録と地震被害[5]

	地震名称	発生年	マグニチュード	地　震　被　害
1	遠飛鳥宮の地震	416	——	『日本書紀』に「地震」とあるのみ．被害の記述はない．わが国の歴史に現れた最初の地震．
2	大和の地震	599	M 7	大和に倒潰家屋を生じた．『日本書紀』にあり，地震による被害の記述としてはわが国最古のもの．
3	筑紫の地震	679	M 6.5 ～ 7.5	筑紫に家屋の倒潰多く，幅2丈，長さ3千余丈の地割れを生じた．
4	土佐その他の地震	684	M 8 1/4	土佐その他の南海，東海，西海地方に，山崩れ，河湧き，家屋社寺の倒潰，人畜の死傷多く，津波来襲して土佐の船多数沈没．土佐で田苑約12 km^{2}沈下して海となった． 南海トラフ沿いの巨大地震と思われる．

表 1.15　1920 年以後の大地震と地震被害[5)]

	地震名称	発生日時	緯度経度	マグニチュード	地　震　被　害
1	関東地震（関東大震災）	1923 9.1	35.3 N 139.1 E 神奈川県西部	M 7.9	死者・不明者 10 万 5 千余，住家全壊 10 万 9 千余，半壊 10 万 2 千余，焼失 21 万 2 千余 東京で観測した最大振幅 14 ～ 20 cm，房総方面・神奈川南部は隆起し，東京付近以西・神奈川北方は沈下した．関東沿岸に津波が来襲し，波高は熱海で 12 m，相浜で 9.3 m など．
2	福井地震	1948 6.28	36.2 N 136.3 E 福井県	M 7.1	死者 3,769，家屋倒壊 36,184，半壊 11,816 南北に地割れの連続としての断層（延長約 25 km）が生じた．
3	新潟地震	1964 6.16	38.4 N 139.2 E 新潟県沖	M 7.5	死者 26，家屋全壊 1,960，半壊 6,640，浸水 15,297 新潟市内の各所で噴砂水がみられ，地盤の流動化による被害が著しかった．津波が日本海沿岸一帯を襲い，波高は新潟県沿岸で 4 m 以上に達した．
4	十勝沖地震	1968 5.16	40.7 N 143.6 E 青森県東方沖	M 7.9	死者 52，負傷者 330，建物全壊 673，半壊 3,004 津波があり，三陸海岸 3 ～ 5 m，襟裳岬 3 m，コンクリート造建築の被害が目立った．
5	宮城県沖地震	1978 6.12	38.2 N 142.2 E 宮城県沖	M 7.4	死者 28，負傷者 1,325，住家全壊 1,183，半壊 5,574 造成地に被害が集中した．
6	日本海中部地震	1983 5.26	40.4 N 139.1 E 秋田県沖	M 7.7	死者 104（うち津波によるもの 100），負傷者 163，建物全壊 934，半壊 2,115 津波は早い所では津波警報発令以前に沿岸に到達した．石川・京都・島根など遠方の府県にも津波による被害が発生した．
7	兵庫県南部地震（阪神・淡路大震災）	1995 1.17	34.6 N 135.0 E 淡路島付近	M 7.3	死者 6,434，負傷者 43,792，住家全半壊 24 万以上 活断層の活動によるいわゆる直下型地震．神戸，洲本で震度 6，淡路島の一部から神戸市，芦屋市，西宮市，宝塚市にかけて震度 7 であった．多くの木造家屋，鉄筋コンクリート造，鉄骨造等の建物のほか，高速道路，新幹線を含む鉄道線路なども崩壊した．
8	東北地方太平洋沖地震（東日本大震災）	2011 3.11	38.1 N 142.9 E 三陸沖	M 9.1	死者 18,493，不明者 2,683 負傷者 43,792，住家全壊 128,801 死者の 90％以上が水死で，原発事故を含む被害の多くは巨大津波（現地調査によれば最大約 40 m）によるもの．揺れによる被害は比較的大きくなかった．

また，近代以降の1923年(大正12年)の関東大地震に始まり，2011年(平成23年) の東北地方太平洋沖地震に至る地震被害を**表1.15**に示した．関東大地震後の人的な被害は少なかったが，兵庫県南部地震と東北地方太平洋沖地震において多くの死者を出し，耐震設計の重要性を改めて確認させられた．

1.5.3 建築基準法による地震荷重

建築物の耐震設計は主として「建築基準法・同施行令」に基づいて行われている．1978年の宮城県沖地震の震害経験を踏まえて，1981年6月に新しい耐震関係の法律が施行され，新耐震設計法と呼ばれている．2000年に法改定が行われ，新しい設計法(限界耐力計算法)も提案されているが，新耐震設計法による方法は継続的に使用可能であり，以下にその内容を概説する．

地震荷重(K：seismic load)は，地震時に建物に作用すると想定される等価な水平力として定義され，実用的には水平力の合計値として，**図1.12**に示した層せん断力で与えられる．また，層せん断力をその階より上の建物重量で除した層せん断力係数により表現される．建築物に地震時に作用すると思われる力に相当する水平方向の力を，地震力として建物に作用させる．

地震力は，

$$Q_i = C_i \cdot W_i \tag{1.1}$$

$$C_i = Z \cdot R_t \cdot A_i \cdot C_o \tag{1.2}$$

ここに，Q_i：建物の i 番目層の層せん断力(**図1.12**)

C_i：i 層の層せん断力係数

W_i：i 層より上の建物重量(kN)

Z：地域係数(＝0.7～1.0)(**図1.13**)

R_t：振動特性係数(地盤と建物の1次固有周期により定まる係数，≦1.0)(**図1.14**)

T：建物の1次固有周期(秒)

A_i：i 層の割増し係数(≧1.0)(**図1.15**)

C_o：基準層せん断力係数　　1次設計用　$C_o \geqq 0.2$

2次設計用　$C_o \geqq 1.0$

により与えられる．

$W_i = \sum w_j \ (j=i+1\sim n)$
$Q_i = P_n + P_{n-1} + \cdots + P_i$
ここに，
w_i：i層の重量
W_i：i層より上の重量
P_i：i層に作用する地震力
Q_i：i層の地震層せん断力

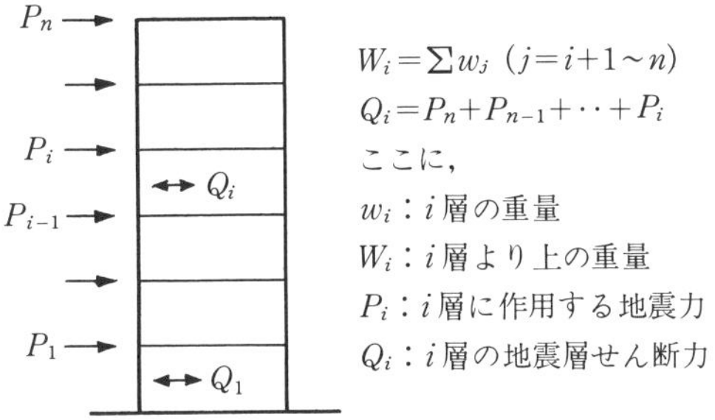

図1.12 地震時層せん断力

図1.13 地域係数 Z

A $Z=1.0$
B $Z=0.9$
C $Z=0.8$
沖縄は 0.7

なお，R_t に関係する建物の1次固有周期は $T=0.03H$（鉄骨造），$T=0.02H$（鉄筋コンクリート造），H は建物の地上高さ(m)として計算する．

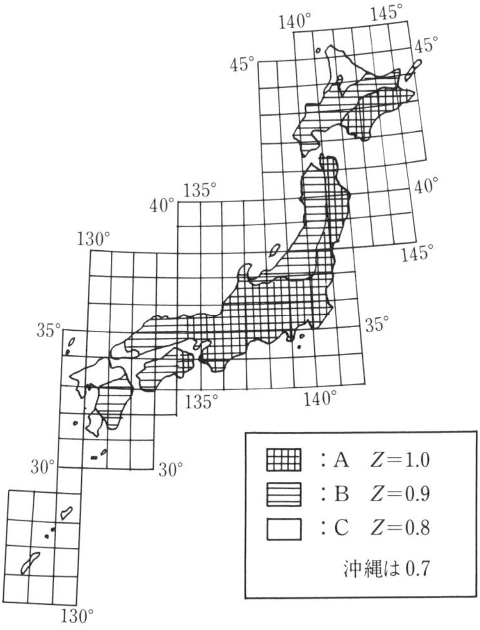

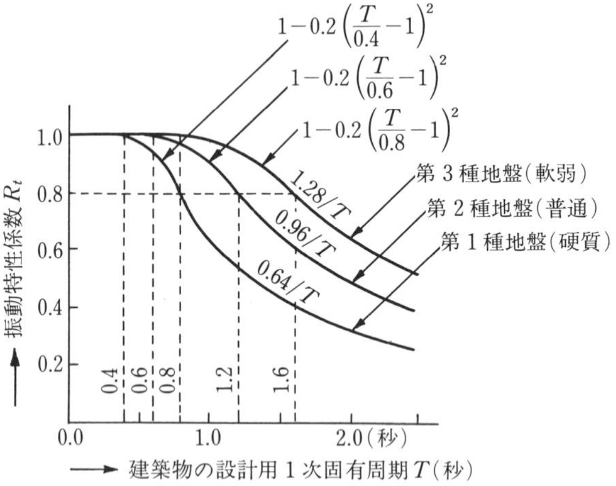
$1-0.2\left(\frac{T}{0.4}-1\right)^2$
$1-0.2\left(\frac{T}{0.6}-1\right)^2$
$1-0.2\left(\frac{T}{0.8}-1\right)^2$
1.0
0.8
0.6
0.4
0.2
振動特性係数 R_t
1.28/T
0.96/T
0.64/T
第 3 種地盤(軟弱)
第 2 種地盤(普通)
第 1 種地盤(硬質)
0.4
0.6
0.8
1.2
1.6
0.0
1.0
2.0(秒)
建築物の設計用 1 次固有周期 T(秒)

図 1.14　振動特性係数 R_t

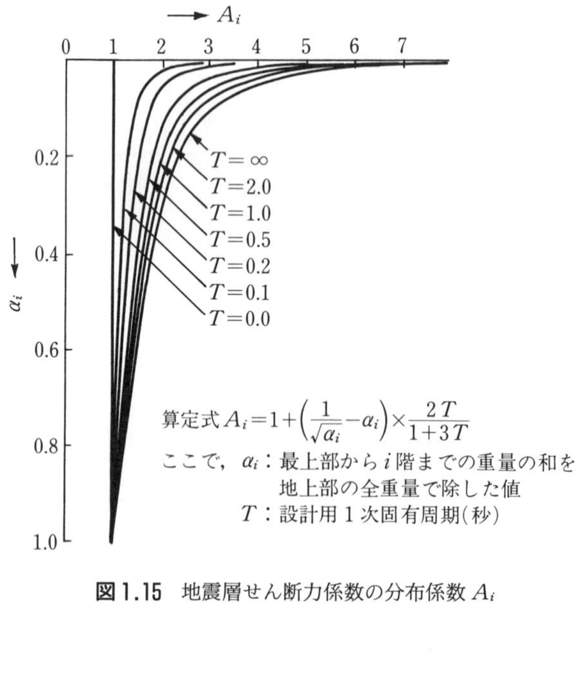
A_i
0 1 2 3 4 5 6 7
0.2
0.4
0.6
0.8
1.0
α_i
$T=\infty$
$T=2.0$
$T=1.0$
$T=0.5$
$T=0.2$
$T=0.1$
$T=0.0$
算定式 $A_i=1+\left(\frac{1}{\sqrt{\alpha_i}}-\alpha_i\right)\times\frac{2T}{1+3T}$
ここで，α_i：最上部から i 階までの重量の和を地上部の全重量で除した値
T：設計用 1 次固有周期(秒)

図 1.15　地震層せん断力係数の分布係数 A_i

この意味を解説すると，

（a）　地震力の大きさは建物の重量に比例する．

（b）　地域的な地震特性を考慮して建設敷地がどの地域に属するかにより，地震の少ない地域では地震力を低減する．　……地域係数 Z

（c）　建設敷地の地盤の状況と建物周期（建物が水平方向に１ゆれするのに要する時間で大略建物高さに比例する）に応じて，地盤が硬いほど，建物周期が長い（建物高さが高い）ほど地震力を低減する．　……R_t

（d）　建物内部においては，上層ほどせん断力係数が大きくなる．……A_i
これは，地表面での加速度が建物内で上層ほど大きくなるためであるが，実際に作用する力（Q_i）は下層ほど大きくなる．

となり，設計用地震力は建物重量，地域性，敷地地盤，建物周期，建物内での高さ方向の層位置をパラメータとして決定されていることがわかる．

地下部分については，地上部分とは地震時の振動性状が異なること，および過去の震害例も少ないことから，１次設計のみを行うこととしている．地下部分の地震力は，

$$P_i=K_i\cdot W_i \tag{1.3}$$

$$K_i=0.1(1\cdot H/40)Z \tag{1.4}$$

ここに，P_i：地下の i 層に作用する地震力

K_i：i 層の水平震度（**図1.16**）

W_i：i 層の重量（t）

H：地面より i 層までの深さ（m），$H_{\max}=20$

Z：地域係数（**図1.13**）

により与えられ，地面よりの深さと建物重量のみに関係している．Q_i は P を上から加算したものとなる．

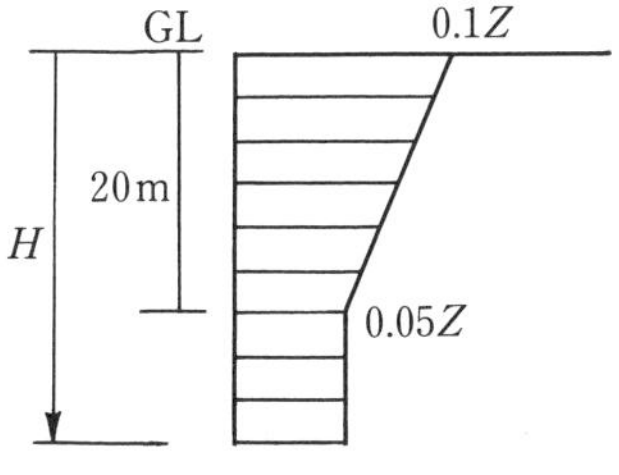

図1.16　地下部分の水平震度 K_i

1.6　土圧・水圧

1.6.1　地下外壁の土圧・水圧

建築物の地下外壁には，土からの圧力である土圧が作用する．この土圧は，静止土圧と呼ばれ，土重量の静止土圧係数倍の力が水平方向に作用するとして，さらに水圧も考慮して計算される（**図1.17** 参照）．

深さ z(m) の静止土圧 P_z は，以下のように求められる．

地下水面より上　$P_z = K_0\gamma z + K_0 q$　(kN/m^2)

地下水面より下　$P_z = K_0\{\gamma z_0 + (\gamma - 1)(z - z_0)\} + (z - z_0) + K_0 q$　(kN/m^2)

ここに，K_0：静止土圧係数（0.5 前後の値が多い）

γ：土の単位体積重量 (kN/m^3)

z：深さ (m)

z_0：地下水位面の深さ (m)

q：上載荷重 (kN/m^2)

1.6.2　擁壁の土圧・水圧

段差のある地盤形状を保持するために擁壁が用いられる．擁壁には片側から土圧が作用し，この土圧はクーロン (Coulomb) の土圧理論に基づき主働土圧と呼ばれる（**図1.18** 参照）．

深さ z(m) の主働土圧 P_A は，以下のように求められる．

地下水面より上　$P_A = K_A\gamma z + K_A q$　(kN/m^2)

地下水面より下　$P_A = K_A\{\gamma z_0 + (\gamma - 1)(z - z_0)\} + (z - z_0) + K_A q$　(kN/m^2)

ここに，K_A：主働土圧係数（0.5 以下の値）

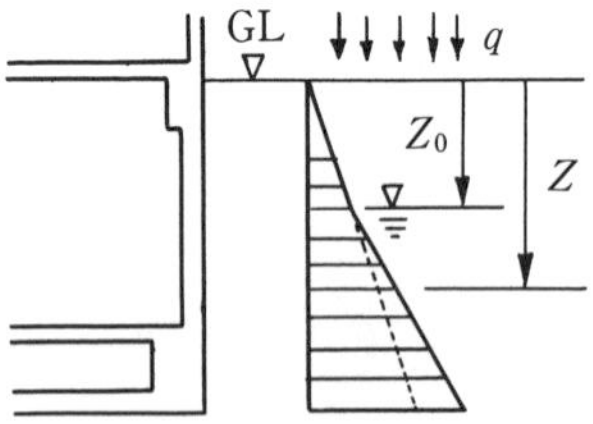

図1.17　静止土圧

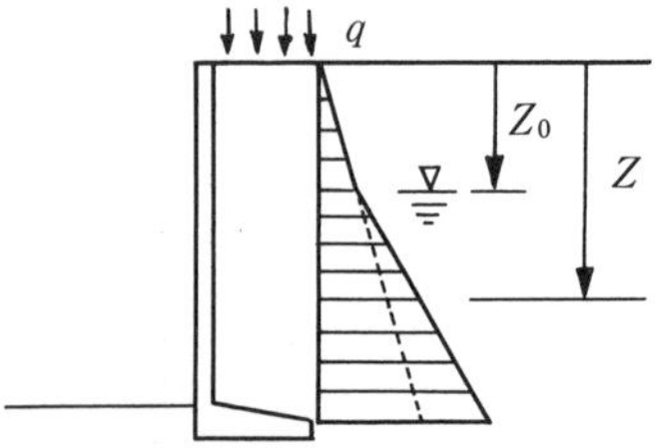

図1.18　主動土圧

1.7 温度・その他の荷重

1.7.1 温度荷重

温度による構造部材の伸縮がどこかで拘束されると“見かけの荷重”となり，時には構造物を破壊させる．一般的には，空中にある構造部材は気温に近い温度となり，土中にある基礎構造は一定温度に近く，上部構造との温度差を生じる．構造物が長大になると温度応力は大きくなる．

鋼材とコンクリートの線膨張係数は，約 1×10^{-5}(1/°C) である．100 m の構造部材は，10°C の温度変化で 1 cm の伸びを生じようとし，これが拘束されと温度応力が発生する．

1.7.2 その他の荷重

その他の荷重としては，以下のような特殊荷重がある．

（1） エレベーター，エスカレーターなどの建物設備　建物内部には，エレベーターやエスカレーターなどの搬送設備が組み込まれることが多く，構造物にとっては無視できない荷重となる．

（2） 工場の移動物による荷重（クレーン，トロリー）　工場内部において，物資運搬のためにクレーンやトロリーが用いられることがある．これらは移動荷重であり，時には繰返し回数が多大になり疲労破壊を起こすこともあるので注意を要する．

（3） 工場などの機械設備と機械振動　工場においては生産施設の荷重を考える必要があり，場合によるとその機械振動が問題となる．

（4） 偶発的な荷重　ガス爆発による衝撃，火災による材料劣化や温度応力，自動車や航空機の衝突などの偶発的な荷重があるが，発生確率は低いと考えられる．建物の用途や重要性を考慮して，それに対する安全性を考慮しておく．

1.8 建築基準法に定められた荷重とその組み合わせ

建築基準法では，以下に示すような 5 種類の荷重とその組み合わせが規定されている．長期荷重に対して部材応力度は長期許容応力度以下，短期荷重に対して部材応力度は短期許容応力度以下となるようにしている．

なお，地震荷重についてはいくつかの計算ルートが可能であるが，いずれにしてもここで示した長期，短期の計算を行う必要がある．

(対象)　固定荷重 G，積載荷重 P，積雪荷重 S，風荷重 W，地震荷重 K

(組み合わせ)

表1.16　各種荷重の組合せ

	応力の種類	状態	一般地域	多雪地域
1	長　期	常　時 積雪時	$G+P$	$G+P$ $G+P+0.7S$
2	短　期	積雪時	$G+P+S$	$G+P+S$
3	短　期	暴風時	$G+P+W$	$G+P+W$ $G+P+0.35S+W$
4	短　期	地震時	$G+P+K$	$G+P+0.35S+K$

この荷重組み合わせに対する基本的な考え方は，以下のようなものである．

① 長期とは，常時作用している荷重，すなわち長期間作用し続ける荷重条件である．

② 短期とは，非常時荷重であり，時には作用するが期間が短い荷重条件である．

③ 30日以上の継続的な積雪(根雪)は，長期と考える．

④ 30日未満の積雪は，短期と考える．

⑤ 一般地域では，台風時に雪は降らない，地震は起きない．

⑥ 一般地域では，地震時に雪は降らない，台風は吹かない．

特に，⑤と⑥の条件には，安全性に対する確率的な考えが込められている．

練習問題1

1．固定荷重　　下記鉄筋コンクリート部材の重量を算定せよ(寸法単位：mm)．

a)　厚さ150の床スラブ　　(kN/m^2)

b)　600×600の柱　　(kN/m)

c)　せい800×幅400の梁　(kN/m)

2．積載荷重　　教室(平面寸法8,000×8,000)内部に，50人の学生がいるとして設計する．人による積載荷重値(kN/m^2)はいくらになるか．ただし，学生1人の体重は 0.65 kN とする．

3．積雪荷重　北海道旭川市の標高 150 m・海率 0 の地域の垂直積雪量 d を，建築基準法に定める方法により算定せよ．ただし，$\alpha=0.0027$，$\beta=8.51$，$\gamma=1.20$ とする．

4．風荷重　東京都 23 区内の地表面粗度区分 III 地域での，屋根高さ 25 m の場合の地上 20 m の速度圧 q の値を建築基準法に定める方法により算定せよ．ただし，基準風速 V_0 は 34 m/s とする．

5．地震荷重　東京都新宿区（地域係数 $Z=1.0$）に立つ 5 階建て鉄筋コンクリート造建物について，1 次設計用の各階の地震荷重を計算せよ．ただし，建物高さは 20.5 m，各階重量は 1,000 kN，地盤種別は第 2 種地盤（普通）とする．

6．下記の内容が正しいかどうかを述べよ．

a） 単位面積当りの建物重量の大小関係は，通常は，鉄骨構造＞鉄筋コンクリート構造＞鉄骨鉄筋コンクリート構造の順になる．

b） 構造計算に用いる積載荷重の大小関係は，一般に床用＞大梁・柱・基礎用＞地震用である．

c） 部屋の床用の積載荷重値は，通常は事務室＞教室＞住宅の居室としている．

d） 積雪荷重の計算に用いる雪の単位重量は，原則として，積雪量 1 cm あたり 20 N/m^2 以上とする．

e） 多雪地域における暴風時に生じる応力の計算では，積雪荷重による応力を加える場合と加えない場合の両方を想定する．

f） 風の速度圧は風速の 0.5 乗に比例する．

g） 風圧力は，速度圧 q に風力係数 Cf を乗じて計算する．

h） 地震地域係数 Z は，過去の地震記録などから得られた地震動の期待値の相対的な比を表すものであり，その値は 1.0 以上である．

i） 振動特性係数 R_t は，建物固有周期が長い部分では，軟弱地盤の値の方が硬質地盤より小さい．

j） 地上部分におけるある層に作用する地震層せん断力 Q_i は，その層より上部の建物重量 W_i にその層のせん断力係数 C_i を乗じて計算する．

参考文献

1）日本建築学会『建築物荷重指針・同解説』(1993，第2次)

2）高橋，中村『雪氷防災—明るい雪国を創るために—』白亜書房 (1997)

3）大熊，神田，田村『建築物の耐風設計』鹿島出版会 (1996)

4）宇佐見龍夫『新版日本地震被害総覧』東京大学出版会 (1996)

5）国立天文台編『理科年表』丸善 (2014)

6）日本建築構造技術者協会『これからの耐震設計』オーム社 (1996)

7）日本建築センター『建築物の構造関係技術基準解説書 2001 年版』(2001)

第2章

設計方法

建築構造物がある荷重の作用を受けたときに，安全性，使用性，修復性を確保できるように構造部材断面を選定することが構造設計である．安全性は，荷重の項で述べたように自然災害に対する安全性の確保である．使用性は居住性，機能性とも呼ばれるもので常時性能を確保するものであり，修復性は大地震後に建物の再使用が可能かどうかを考えるものである．

通常の設計は主として安全性に対して行われ，力に対する検討が主体である．設計手法としては，建築構造物が不静定骨組であるために，最初に断面を定めておき（仮定断面），その断面が十分なものであり所要性能を持っていることを確認することになる．慣れない設計者にとって最初に断面を仮定することは難しいが，仮定して結果が悪ければ修正することを繰り返して経験を積むことになる．

イギリス Forth Bridge（1890 年完成）

2.1 設計手法

構造物は作用する荷重に対して安全でなくてはならないが，この安全性をどのような手法で検討するかが，構造物の設計手法となっている．一般的な設計手法としては，構造物は弾性であると仮定する弾性設計法と，構造物の降伏後の塑性特性を考慮した塑性設計法に分けられる．

2.1.1 弾性設計法（許容応力度設計法）

弾性設計法 (elastic design method) は，部材応力を弾性計算によって求め，部材断面の応力度が許容値以下であることを確かめる方法である．最も基本的な設計法であり，わが国をはじめ広く世界的に用いられている設計法である．

わが国においては，通常の鉄筋コンクリート構造，鉄骨構造，鉄骨鉄筋コンクリート構造では，弾性設計法を許容応力度設計法として用いている．その構造設計の流れは，

(荷重・外力の設定) → (応力計算) → (部材応力算定) → (安全性検討)

というものであり，**図 2.1** のように荷重，外力と許容応力度が建築基準法で定められている．部材の許容耐力は日本建築学会の規準などで主として定められているが，応力計算法については日本建築学会諸規準の解説などに述べられている程度である．

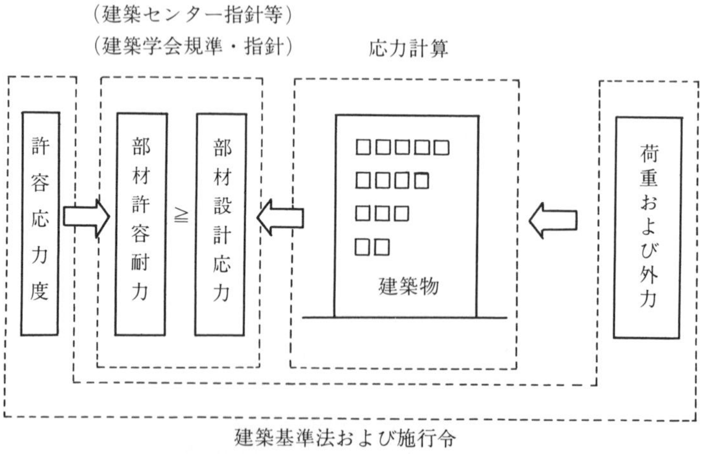

図 2.1 弾性設計法による構造設計の流れ

設計の流れは**図 2.2** に示したように，骨組みに荷重を作用させて生じた部材応力から，部材の断面応力度を算定し材料の許容応力度と比較するものである．長期荷重による断面応力度は長期許容応力度と比較し，短期荷重による断面応力度は短期許容応力度と比較することにより，別個の安全率を導入している．建築基準法ではこの体系を法制化しており，鋼材の許容応力度は降伏点または耐力値を安全率で除して定め，長期に対して 1.5 以上，短期に対して 1.0 以上の安全率の値を採用している．コンクリートの許容応力度は圧縮強度を安全率で除して定め，長期に対して 3.0 以上，短期に対して 1.5 以上を安全率の値としている．

図 2.3 に示したように，構造材料は応力度が大きくない範囲では，応力度と歪度および荷重と変形の関係が線形(比例的)である．弾性設計は，この弾性範囲で長期許容応力度($\sigma_{\text{長}}$)や短期許容応力度($\sigma_{\text{短}}$)を設定して，荷重作用時に構造部材に生じる応力度をこれ以下にするように行われる．

弾性設計法の長所・短所としては，以下のような事項があげられる．

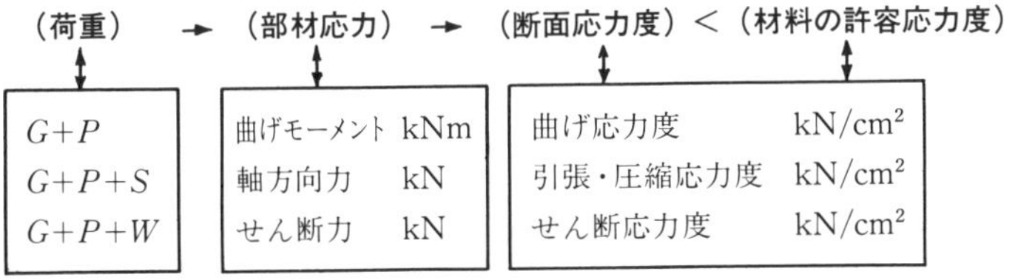

図 2.2 弾性設計法の検討事項

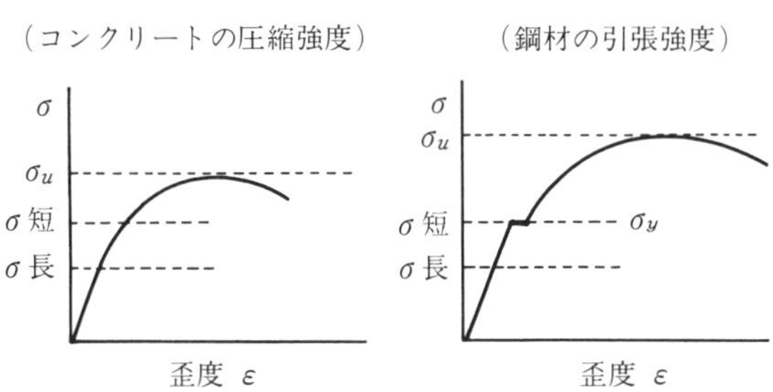

図 2.3 材料の応力度 ～ 歪度関係

表 2.1　各種材料の許容応力度

	長期	短期	備　考
構造用鋼材 SS400 の許容応力度	$F/1.5$	F	$F=235\text{N/mm}^2$ (引張)
コンクリートの許容応力度	$Fc/3$	$2Fc/3$	Fc：設計基準強度 (圧縮)
異形鉄筋 SD345 の許容応力度	$F/1.5$	F	$F=345\text{N/mm}^2$ (圧縮，引張)

[利点]

① 計算が容易，簡便である．

② 許容応力度 (材料の降伏点や強度/安全率) を使い分けることにより，安全率を容易に確保できる．

[欠点]

① 真の安全率が不明である (ある値以上あるということしかわからない)．

② 断面の余裕度が大きい部材と小さい部材が混在する可能性がある．

2.1.2　塑性設計法（終局強度設計法）

塑性設計法 (plastic design method) は，部材の塑性変形能力を利用する設計法である．構造部材にどんどん力を加えていくと，それ以上の力に耐えられないという応力になる．これを降伏強度といい，崩壊するのではなく一定の荷重に耐え続けるけれども，変形が進んでいくのが特徴である．特に，鋼材は降伏点に達した後にも降伏荷重を保持しながら変形するという，大きな塑性変形能力を持ち，「じん性」(ductility) に優れた特性を有している．

この性質を利用すると，降伏後も十分に変形することが可能な構造部材を設計することができ，その性質を利用して終局強度設計が可能となる．部材が崩壊するのではなく降伏するのであれば，ある荷重を加えその大きさを漸増させると，各部材が順次降伏していき構造物全体が耐えられる最大の荷重が計算できる．これを構造物の終局強度と呼び，必要な終局強度を持たせるように部材を設計していくのが終局強度設計法である．

必要終局強度 ＜ **構造物の終局強度**

↑ 荷重×係数　　↑ 骨組形式・部材断面・使用材料

図 2.4　塑性設計法の流れ

設計の流れは**図 2.4** に示したように，荷重（複数の荷重を考えている）にある係数（安全率など）を乗じて得られた必要終局強度に対して，骨組みが保有している終局強度が大きくなるように部材の断面を設定するというものである．荷重係数の導入により，各荷重ごとに安全率を導入している．

現状においては，終局強度設計法はプレストレストコンクリート構造において定着している．ほかには，鉄骨構造において提案されており，耐震設計においても必要保有水平耐力の検証という形で使用されている．

プレストレストコンクリート構造物に対し，建築基準法による告示では必要強度を**表 2.2** のように，常時安全率を 1.7 以上として，地震荷重などに対しては 1.5 をとっている．

塑性設計法の長所・短所としては，以下のような事項があげられる．

［利点］

① 安全率の考え方が明快である．

② 構造物の崩壊性状が把握できる．

表 2.2　プレストレストコンクリート構造の必要終局強度

	状態	一般地域	多雪区域
1	常　時	$1.2G+2P$ $1.7(G+P)$	$1.2G+2(P+S)$ $1.7(G+P+S)$
2	積雪時	$G+P+1.5S$	$G+P+1.5S$
3	暴風時	$G+P+1.5W$	$G+P+1.5W$ $G+P+S+1.5W$
4	地震時	$G+P+1.5K$	$G+P+S+1.5K$

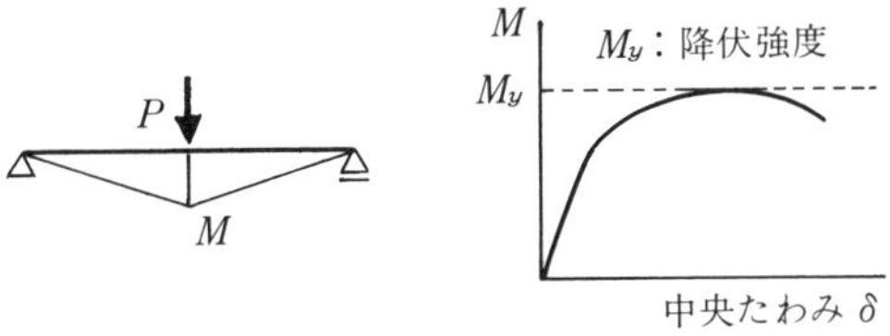

図 2.5　梁の荷重～変形関係

［欠点］

① 計算が難しい(崩壊形は荷重分布によって変わる).

② 十分なじん性がなく最終崩壊形に達する前に，部分破壊する可能性がある.

(弾性設計法の矛盾と塑性設計法)

小野薫，田中尚により提唱された弾性設計法の不具合についての例[1]を紹介する．**図 2.6** の架構(a)において，軸方向力を無視すると柱 10 本が耐えられる許容水平耐力 P_a は，各柱の断面 2 次モーメント $I_1 = a\cdot(a)^3/12 = a^4/12$ であり，柱の I が一定値であるから各柱は作用力の 1/10 を負担することになり，$M = (P_a/10)\times(H/2) = fZ_1$ から，

$$P_a = 20fZ_1/H$$

ここに，f：材料の許容曲げ応力度

Z_1：柱の断面係数 $(=a^3/6)$

H：柱の高さ

となる.

架構(b)では，太い柱の断面 2 次モーメント $I_2 = a\cdot(2a)^3/12 = 8a^4/12 = 8I_1$ となり，太い柱には $8/(9+8) = 8/17$ の力が，細い柱には 1/17 の力が作用することになる.

一方，太い柱の断面係数 $Z_2 = a\cdot(2a)^2/6 = 4a^3/6 = 4Z_1$ であるから，Z_1 と Z_2 の比率は (1：4) となる．太い柱には 8 倍の力が作用しているのに，Z は 4 倍

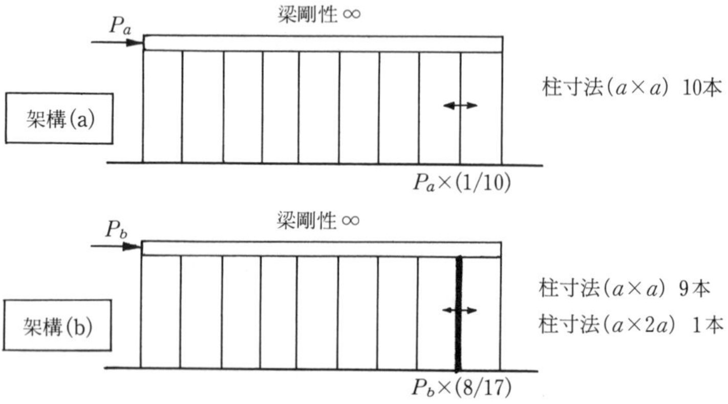

図 2.6　許容応力度設計の問題点

であるから，太い柱から計算される耐力値により全体耐力は決定される．

$$M=(P_b\times 8/17)\times(H/2)=fZ_2=4fZ_1 \quad \text{から,} \quad P_b=17fZ_1/H$$

となり，P_b は架構(a)の耐力 P_a に比較して小さい値となる．太い柱を採用すると，弾性設計法では見かけの耐力が低下するという奇妙な結果となる．

塑性設計法では，$Z_{p1}=a^3/4$ と $Z_{p2}=a\cdot(2a)^2/4=4a^3/4=4Z_{p1}$ により，剛性に関係なく終局耐力の和をとってよいことから，

架構(a)の終局強度　$P_{a終局}=20fZ_{p1}/H$

架構(b)の終局強度　$P_{b終局}=2(9+4)fZ_{p1}/H=26fZ_{p1}/H$

となり，確実に架構(b)の耐力が大きくなることがわかる．

2.2 応力計算法

ここでは，骨組みに荷重が作用したときの部材応力を算定する応力計算法について述べる．弾性応力を対象とし，構造設計において重要と思われる事項を取り上げ，力学的な詳細解説は省略する．

2.2.1 基本的事項

（1） 力の釣合い

ある点に作用する力の釣合いは，三つの力の釣合いと三つのモーメントの釣合いで表され，下記の六つの式により表される．力の釣合いは，この基本式がすべてであり，任意の点でも任意の切断面でも必ず成立する．逆にいうと，この基本式が成立していない解析結果は誤りである．

$$\left.\begin{array}{l}\Sigma F_x=0,\ \Sigma F_y=0,\ \Sigma F_z=0\\ \Sigma M_x=0,\ \Sigma M_y=0,\ \Sigma M_z=0\end{array}\right\} \qquad (2.1)$$

ここに，F_x：X 方向の力

F_y：Y 方向の力

F_z：Z 方向の力

M_x：X 軸周りのモーメント

M_y：Y 軸周りのモーメント

M_z：Z 軸周りのモーメント

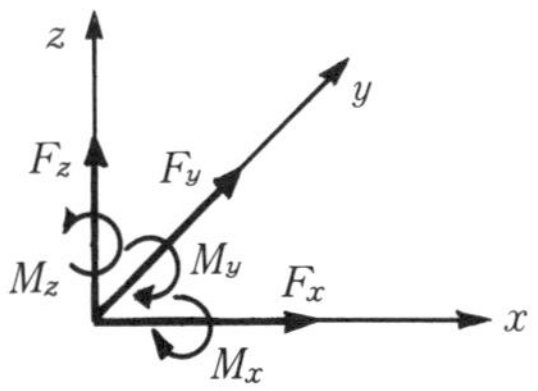

図 2.7 力の 6 成分

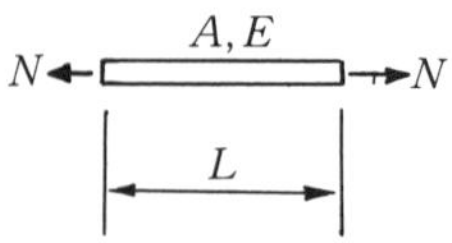

図 2.8　軸方向力を受ける部材

（2）　変形

弾性体は，変形することにより応力を生ずる．目に見えないような微少な量であっても，荷重を受け応力を生じた構造材は必ず変形を生じていることを忘れてはならない．

軸方向力を受ける部材の変形量は，下式により与えられる．

$$\sigma=E\varepsilon,\ \sigma=N/A,\ \varepsilon=\Delta L/L \rightarrow \Delta L=NL/EA \qquad (2.2)$$

ここに，σ：応力度 (kN/cm²)

ε：歪度

E：部材のヤング係数 (kN/cm²)

N：部材の軸方向力 (kN)

A：部材断面積 (cm²)

ΔL：部材の変形量 (cm)

L：部材の長さ (cm)

例えば，1 cm² の鋼材に 10 kN の力を加えると，鋼材のヤング率 $E=21{,}000$ kN/cm² であるから，20 m の部材長では

$$\Delta L=10\times 2{,}000/(21{,}000\times 1)\fallingdotseq 1\,\mathrm{cm}$$

となる．

100 m の高さの超高層建物の柱は，長期に約 10 kN/cm² の鉛直方向応力度を受けているから，その鉛直方向変形は約 5 cm であることになる．

（3）　構造物のモデル化

構造計算や解析を行うためには，対象構造物を力学的な解析モデルに変換することが必要である．その流れは，以下のようになる．

(実際の構造物) → (解析モデル) → (応力解析) → (検討・設計)

モデル化さえうまくできれば，通常どんな構造物でもコンピュータを利用することにより解析可能である．逆にいうと，いくら複雑な解析を行ったとして

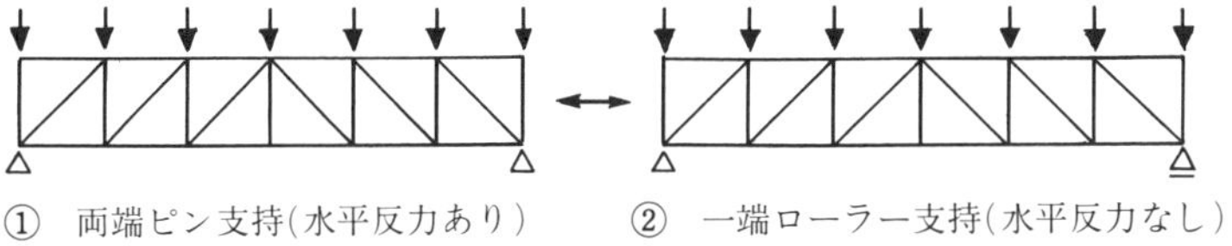

図 2.9 単純梁形式のトラス

も，モデル化が不適切であれば解析結果は無価値である．モデル化の際の間違いは，いくら計算を丁寧に行っても救われることはなく，計算自体が無意味であり，時には設計された構造物の破壊につながる場合もある．

例えば，**図 2.9** のような単純梁形式のトラスの計算では，支点を水平方向に拘束するとまったく異なる応力となり，② の単純梁に比較して ① の場合のトラス弦材の応力は小さくなる．

（4） 作用させた荷重は必ず基礎まで伝える

通常の建物では，荷重に対する最終的な反力は基礎を通じて地盤に伝達されるしかない．作用させた荷重による力が途中で消えてしまうことのないよう，地盤反力に至るまでの経過を追わなければならない．

また，作用させた力によりどのような反力が生じているかを確認し，全体での力の釣合いの確認を行うことも大切である (**図 2.10**)．

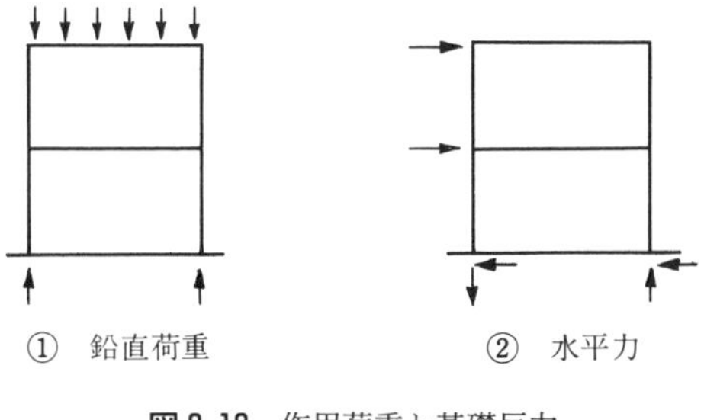

図 2.10 作用荷重と基礎反力

2.2.2 弾性力学の体系

構造設計の有力な設計手法となるものが，荷重が作用したときの部材応力や変形を求める応力解析である．弾性力学は，前述の弾性設計における解析手法の原理である．建築構造物の解析に用いられている手法は，歴史的なものを踏まえて，固定法，たわみ角法，マトリックス法などがあるが，これらはすべて線材の力学である．現実的には，建築構造部材を線材として扱うことが大変便利ではあるが，以下に述べるように，これは線材と仮定されただけのことであり，常に現実を見ながらその適用の可否を考えなければならない．

（1）　3次元弾性理論

一般に構造部材は，必ず三つの次元(dimension)を有しており，3次元的な存在である．このような3次元部材を解析するためには3次元弾性理論が用いられる．3次元弾性理論ではX，Y，Z座標の各点における応力度は，軸方向応力度(σ_X，σ_Y，σ_Z)の3成分，せん断応力度(τ_{XY}，τ_{YZ}，τ_{ZX})の3成分の合計6成分を有しており，力学的な問題を解くことは，不可能ではないが大変である．**図2.15**に示した解析モデルでは，FEM(finite element method；有限要素法)により各メッシュ点の変形を未知量に解析を行っているが，未知数約20,000元の連立方程式を解いている．

（2）　2次元弾性理論

3次元の部材を扱うことは大変であることから，何とか2次元と見なせないかと考えたものが2次元弾性理論である．この場合は，X，Y，Z座標系においてZ方向の応力度を0と考えた場合(平面応力状態)，Z方向の歪度を0と考えた場合(平面歪状態)があるが，結果として2次元弾性理論の応力度は(σ_X，σ_Y，τ_{XY})の3成分に縮小できる．柱，梁といった構造部材は，厚さが一定で厚さ方向の応力度が無い平面応力モデルとして，より簡便な扱いができる．この解析モデルは，局部応力や有孔梁を解析したいときなどに用いられる．

（3）　線材理論

2次元部材といえどもその解析は大変であり，より自由度を少なくして解析を行うために1次元部材である線材が考えられた．線材の力学は，材軸に直角な断面内では平面保持が成立し，中立軸からの距離により応力度・歪度が比例関係にあると仮定するものである．

結果として，線材の未知数は一般的には部材の両端に3成分の力(N，Q_x，Q_y)と3成分の曲げモーメント(M_x，M_y，T)の6成分の力，またはそれに対応する変形を考慮すればよいことになる．線材の力学も部材両端の変形のみを考えればよいとしたことから，一種のFEMモデルとも考えられる．

（4） 平面フレーム

線材が平面内にあり，面外には力を受けないと仮定すると，平面フレームモデルが得られる．実際の構造部材は3次元的に組み上げられているが，平行直交グリッドの面内に配置されることが多いので，平面内の力のみを考え直交方向を無視して解析することが行われる．この平面フレームモデルが最も一般的な解析モデルであり，

① 節点の移動を考えない(梁柱に部材角を生じない)近似解法の「固定法」

② 水平力に対して近似的な解法として考えられた「D値法」

③ 線材として厳密解が得られる「たわみ角法」

④ 任意角度の部材を扱える最も一般的な解法である「マトリックス法」

などが用いられている．これらのモデルは，どれが適切な解法であるかは対象構造物の性質や安全性の検討方法などを考えて選択する．最近のコンピュータを利用した構造計算では，ほとんどの場合にマトリックス法が用いられている．

（5） 立体フレーム

線材モデルの一般的な形であり，部材が3次元中に存在する立体フレームモデルである．柱や梁を線材と見なして，壁やブレースも適宜線材としてモデル化すると，通常の建物はこの立体フレームモデルにより忠実に評価できる．解析手法は，マトリックス法によるのが一般的である．しかし，断面検討の方法や荷重の作用状況などを考えながら，立体として扱うか平面フレームとして扱うかを決める必要がある．

（6） スペースフレーム

3次元的の直線部材で構成されたトラス構造は，スペースフレーム(立体トラス構造)と呼ばれる．近年，トラス部材や節点が工業化工法により製作されるようになり，スペースフレームの使用自由度が飛躍的に増大し多用されるようになった．トラスであるので，部材応力は軸方向力(N)のみであり，解析手法はマトリックス法によるのが一般的である．

（7） シェル理論

3次元弾性モデルを2次元化するのに別の考え方を導入したものが，シェル理論である．貝殻を表すシェル(shell)の言葉通り厚さの薄い面材を対象とし

て，面内力と面外の曲げモーメント，せん断力を未知量と考えると，3次元モデルをシェルモデルとして簡略化することができる．

（8）膜応力理論

シェル理論において作用している面内力のみが存在する（面外曲げモーメントを無視できる）と仮定したものが，膜応力モデルである．建築では，テント構造や空気膜構造の膜部分の解析に用いられる．ほかの分野では，航空機の翼の解析に多く用いられている．

（9）スラブ理論

いわゆる床スラブ・平板といった，平面状の板の解析に用いられるモデルである．シェルの面内力が無い場合に当たり，面外の曲げモーメントとせん断力が作用するとして，解析を行うものである．建築では，床スラブの解析に用いられている．

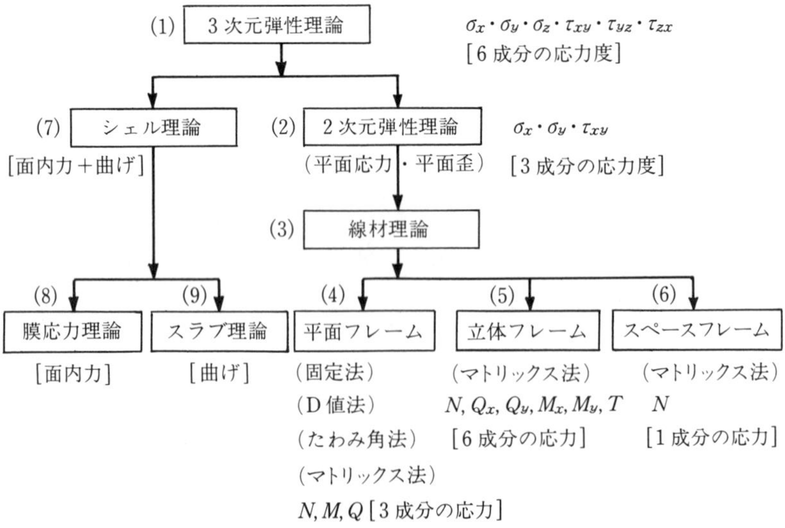

図2.11　弾性力学の体系

2.3 コンピュータを利用した構造計算

2.3.1 構造関係コンピュータ利用の発展

現状を認識するためにも，歴史的な経緯を最初に述べることとする．構造関係のコンピュータ使用は，1960 年代に単機能の構造計算プログラム (柱軸力，地震力，大梁の基本応力などの計算) から始まった．それでも当時の計算尺，そろばんを使用していた時代背景からは，かなりの計算量をこなしていたといえる．次に，1970 年前後よりそれらの単機能が総合化され，「一貫計算プログラム」が開発された．最初は，手計算の構造計算書をコンピュータにより作成しようという程度であった．その後は，建物全体をグリッド上に配置された構造要素 (線材の柱・梁と面材の床・壁) から構成して認識し，入力建物形状に基づいて構造計算を進めるようになり，設計補助手段としても利用されるようになっていった．

1980 年代からは，構造計算システムの多次元化の時代となった．構造計算に使用される建物データを有効に利用し，多様な目的に利用する動きである．計算システムは複合的なシステムとなり，振動応答解析システム，構造図の作成，軀体数量算定と積算，耐震診断計算，構造パース作成などの本来の構造解析や構造計算とは直接つながらない分野についても，入力した建物データを有

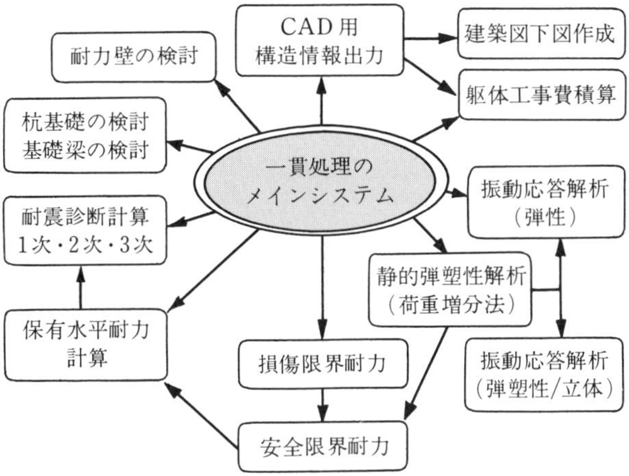

図 2.12 構造関係システムの関係

効利用するためにデータ転送し，多機能なシステムが構築された．**図 2.12** にその関係を示すが，この場合のメインシステムは建物形状，部材断面を認識し荷重計算，許容応力度計算を行う基本部分であり，その周辺に多くのサブシステムが構築されている例である．

この間に，使用コンピュータのハードウェア自体も，初期の IBM 機を主体としたものから国産を含めた一般大型計算機へと移行し，一部の高度な解析がスーパーコンピュータにより行われるようになった．その後は，一般計算は EWS (engineering work station) へと移行し設計者の身近にコンピュータが置けるようになり，その傾向が一段と進んで現状ではパソコンにより，超高層を含めてほとんどの建物の構造計算や解析が行えるまでになっている．

2.3.2 構造計算・構造解析の特徴

構造関係の計算や解析においては，対象要素の種類が少ないことが最大の特徴である．構造部材は，① 鉛直要素 (柱・壁・ブレース) と ② 水平要素 (大

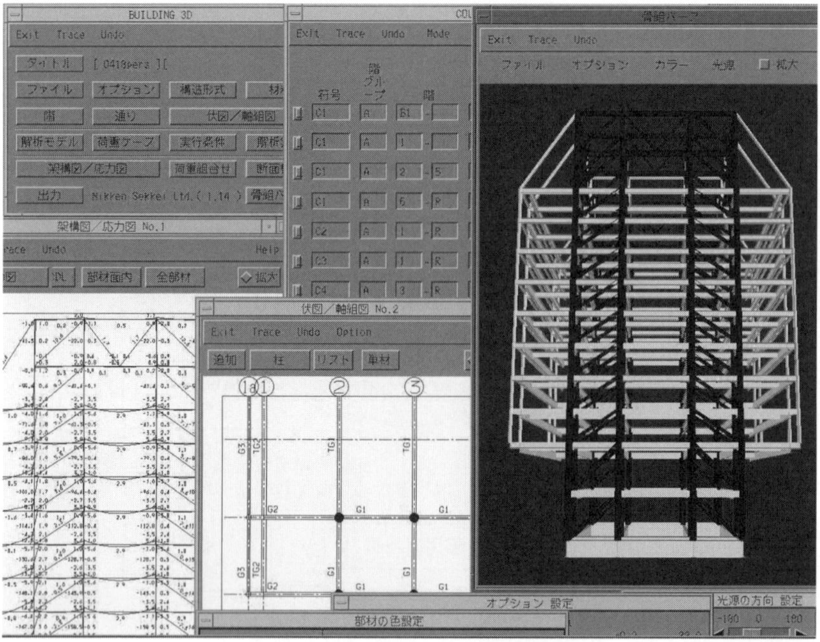

図 2.13　OUTPUT 例 (日建設計提供)

梁・小梁・床）に分類される．安全性の検討を行うためには，柱，梁，壁，床の断面形状や使用材料の材種・配筋情報が必要であるが，それらはリスト化されており多大な情報量ではない．

全体システムとしては，これらの構造要素を3次元のグリッド（X，Y，Z方向）上に配置してやれば，建物全体を構成することができる．もちろん，部分的な柱位置の変更や床梁の上がり下がりなどの変更は必要であるが，構造計算上はそれほど神経質に建物形状を再現しなくとも，工学的には成立するという扱いやすさもある．**図2.13**と**図2.14**に入出力例を示す．

一方，電算出力構造計算書には建築基準法に基づく確認申請上の扱いがあり，「構造計算一貫プログラム」は日本建築センターの電算プログラム審査委員会の性能評価（旧制度の評定）を経て大臣認定を得る必要があり，現在までに300を超える計算システムが認定を得ている．この例としては，DEMOS BUILD-1（NTT），ADAM（東洋情報システム），BUILDING-M2（日建設計）

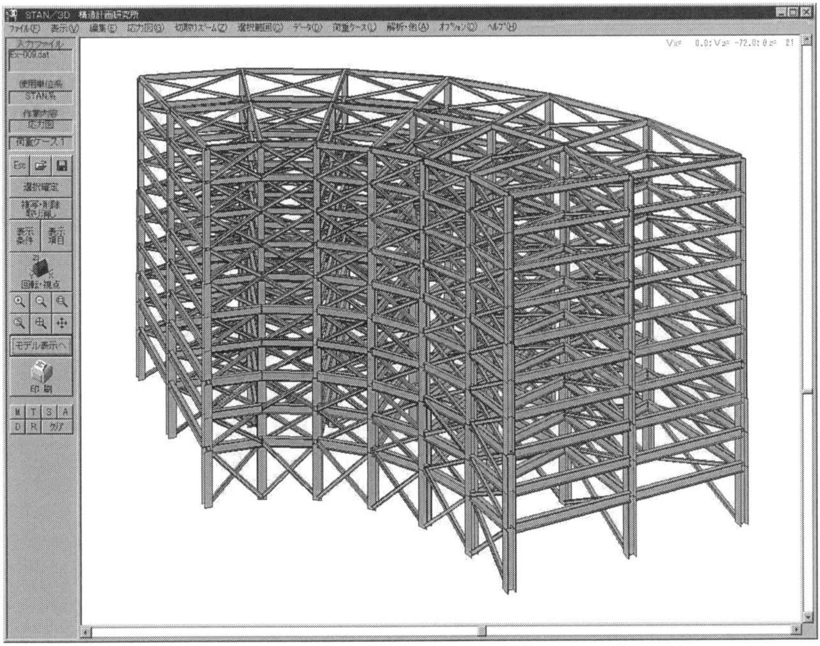

図2.14　構造パースの出力例（構造計画研究所提供）

などが大型計算機用の代表である．ほかにも多くのパソコン用の一貫計算プログラムがある．

今日の計算技術の進歩により，容易に高容量で高精度の計算が行われるようになり，構造物全体を3次元モデルとして大容量の構造解析が静的および動的に行われている．わが国の構造解析プログラムの特徴は，各社が自社使用のために開発することが多く，それらの流通が不十分であり，公開された汎用プログラムが少ないことである．構造解析用としては，STANやRESP(構造計画研究所)をはじめいくつかのものが公開されている．一方では，米国で開発された汎用解析システムのMSC. MARC，NASTRAN，COSMOSなどが使用可能である．

図2.15に示すようにFEMの解析結果などは，膨大な解析結果を処理して視覚的な結果判定が可能になってきている．しかしながら，高度な解析が真実に近づくとは限らず，「精解は必ずしも正解にあらず」を忘れてはならない．

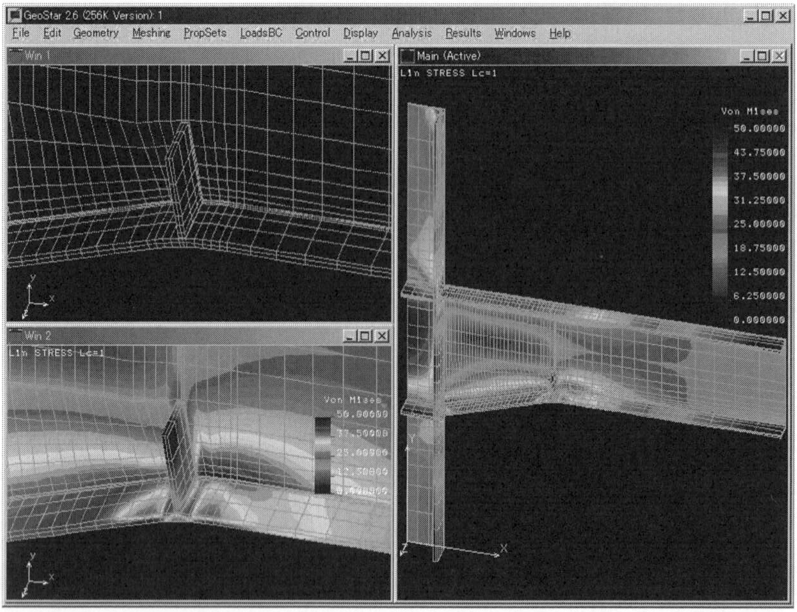

図2.15　H形断面柱・梁部材のFEMメッシュ図，応力度(東京理科大学寺本研究室)

2.3.3　新しい利用形態

構造解析用のデータを利用して建物形状を検討したり，空間認識用のパースを作成するなどの，多方面への応用が今後の方向性である．**図2.16**は，設計の際に用いられた構造解析データより作成された構造骨組みのパースである．

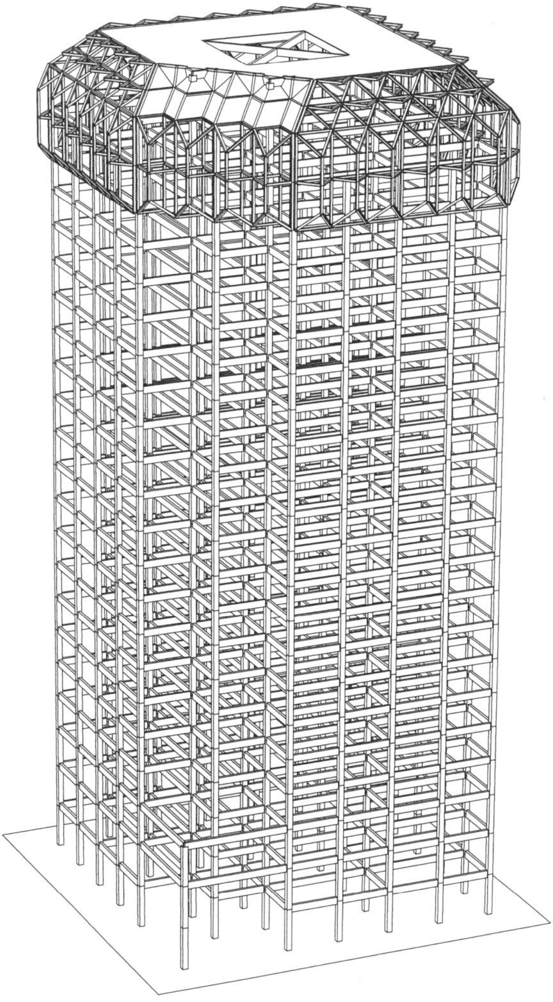

図2.16　構造骨組みパース

このように，入力したデータを多目的に使用し入力ミスをなくすとともに，設計や施工に利用していくことが大切であろう．

複雑な建物への適用例では，構造解析用の3次元骨組モデルを作成し，それに部材断面を追加し骨組の3次元形状を認識させ，パースを作成して空間認識に利用する．それの水平断面図を建築平面図の下図とし，鉛直断面図を断面図下図とすることも行われている．

また，解析関係のソフトも今後はアウトソーシングの時代であり，既成ソフトの有効利用を図ることが大切である．その場合，多大な情報量を扱う高精度解析結果を，技術者の判断が可能な形に整理して出力することが重要なテーマである．

コンピュータを有効利用するためには，入力したデータを多目的に最大限まで有効に利用することが大切である．**図2.17**と**図2.18**は，鉄骨加工業者が鉄骨部材を製作するために入力したデータにより，建物全体のパースを作成したものである．このような使用済みのデータを有効に利用して，全体像を作成すると，データの正誤も容易に確認できるとともに，関係者が何を作っているかを共通認識することができる．

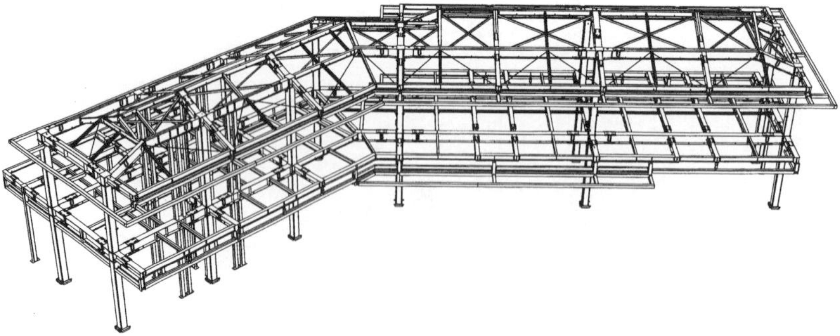

図2.17　鉄骨建物パース1(駅舎/山梨建鉄提供)

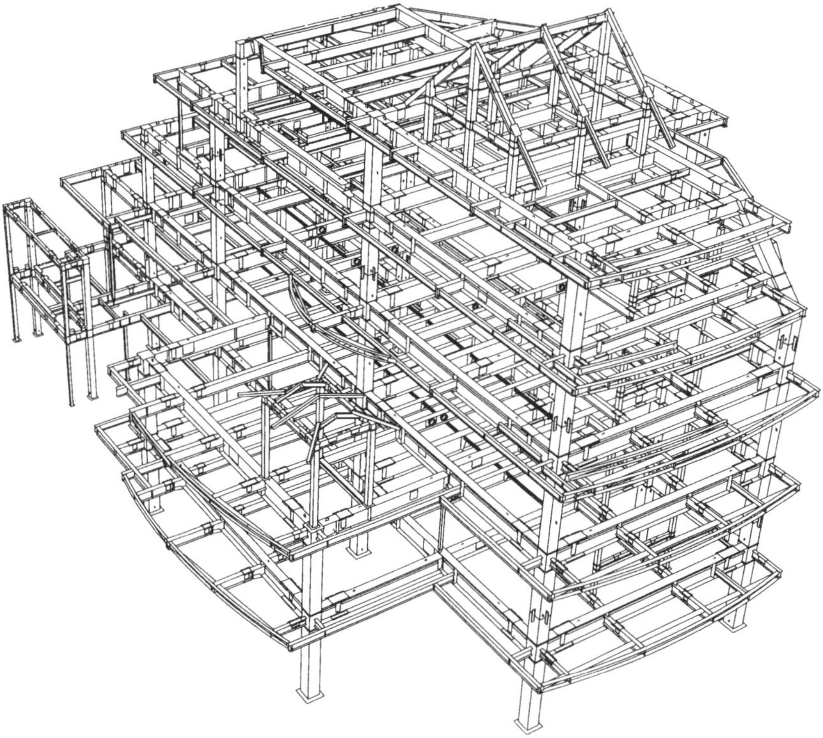

図 2.18 鉄骨建物パース 2 (寺院/山梨建鉄提供)

練習問題2

1．許容応力度設計法　許容応力度設計法において，鋼材により安全率が定まるとすると，長期および短期の安全率はいくらか．

2．変形量　高さ200mの超高層建物の鉄骨柱が，固定荷重により10kN/cm^{2}の鉛直応力度を受けている．ヤング率$E=2.1\times10^4$kN/cm^{2}として，固定荷重による柱の縮み量を計算せよ．

3．温度変形　長さ50mの鋼材が，温度変化20℃を受けたときの伸び量はいくらか．ただし，鋼材の線膨張係数は，1.0×10^{-5}(1/℃)とする．

4．力の釣合い　3次元空間における力の釣合い式は何か．

5．応力解析　平面フレームの応力解析法について述べよ．

参考文献

1）小野薫，田中尚『建築物のリミットデザイン―改訂増補―』理工図書(1958)

ミニ知識　**ハンムラビ法典**

ハンムラビ法典は，古代オリエントのバビロン国のハンムラビ王(BC 1792～1750)により作られた280条余の法典である．この法典には，はじめに訴訟法，次いで窃盗罪，誘拐罪，強盗罪，兵役の義務，土地所有，借家，債権債務などの法律が細かく定められている．ルーヴル博物館には，黒閃緑石のハンムラビ法典碑が保管されている．

「目には目を歯には歯を」の原則によっており，第1条には，「人が他人を死罪で告訴しても，それを証明できないなら原告を殺す」とある．

ハンムラビ法典には，以下のような最古の建築関係の法規が記載されており，建築物の安全に対する責任を求めている．

第229条「大工の建てた家が，堅固でなく倒れて家の主が死んだら，大工は殺される．」

第230条「前条で，家の子が死んだら，大工の子が殺される．」

第231条「229条で，家の奴隷が死んだら同じ奴隷を与える．」

題232条「229条で，器物を破損したときは，同等品を弁償し且つ家を建て直す．」

しかし，第243条には，「借りた牛や驢馬が野でライオンに殺されたら，損害は持ち主が負う」とあり，自然災害は容認している．もし，バビロン国に地震があったら，地震による損傷は自然災害として免責になったかが，興味のあるところである．

(飯島紀『ハンムラビ法典』国際語学社より)

第229条

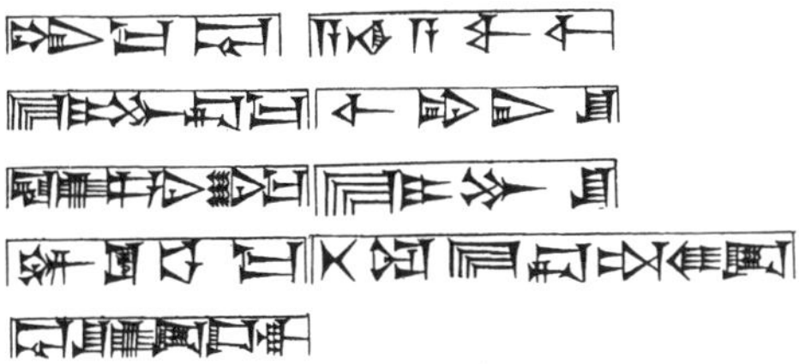

第3章

構造種別と基礎構造

建築構造物を分類する際に，主として使用している構造材料により鉄骨構造，鉄筋コンクリート構造，鉄骨鉄筋コンクリート構造，プレストレスコンクリート構造，木質構造のように区分して呼ばれる．このような各種構造は，使用材料の性質に応じて構造的，工法的な特徴や長所，短所を有している．実際の構造設計を行う際には，これらの特徴を充分わきまえて構造種別を選択することが大切である．

基礎構造は，建物重量が地盤により支持されなければならないという宿命からも，重要度の高い建築構造の一分野である．また，わが国の都市は地盤の良くない沖積平野に位置することが多いので，そこに建てられる建物基礎の構造設計上の位置付けも高く，その設計内容が工期や工事費に与える影響も多い．

スミソニアン博物館の屋根トラス

構造種別と基礎構造

3.1 構造用材料

建築構造用の材料としては，世界的には木，石，れんが，日干しれんが，コンクリート，鋼などが用いられれている．わが国では，歴史的には木が多く用いられ，近代建築はコンクリートと鋼が用いられている．特殊なものとしては，石，れんが，アルミニウムなどもあるが，構造材料としてはほとんど使われていない．

木材は可燃物であること，在来工法による木造は大規模構造物には適さないことなどから，小住宅程度にしか利用されていなかった．最近は地球環境問題や自然素材などの観点から木質構造を見直す傾向にあり，集成材を用いた集成材建築（大断面木構造）も数多く出現している．

近代建築を導入した初期の時代には，れんが造建築も多く作られたが，耐震性に欠けることから用いられなくなった．コンクリートと鋼材は，わが国の近代化に大きく貢献した構造材料であり，世界トップクラスの生産量を誇っている．現在は，コンクリートと鋼材の時代といえる．

鉄 (iron) は古代より使用されてきたが，1750 年頃から鋳鉄が用いられ，1880 年頃から鋼が使用され始めた．近代的な製鋼技術が生まれてからは，100 年程度であるといえる．近代的な材料である鋼 (steel) は，鉄鉱石，コークス，くず鉄 (scrap)，マンガン鉱石などを原料として製造される．30％～70％の鉄分 (Fe) を含む鉄鉱石を溶鉱炉において還元して，炭素，ケイ素，りん，硫黄などの含有量の多い銑鉄 (pig iron) にする．この銑鉄とくず鉄を材料として，平炉，転炉，電気炉により鋼が作られる．平炉は，銑鉄とくず鉄により製鋼し，転炉はほとんど銑鉄のみで製鋼する．電気炉は，くず鉄を主要材料として製鋼するものである．

鉄筋コンクリート構造は，主要材料であるポルトランドセメントの製法が 1824 年にイギリスで特許を得ており，さらに 1860～1880 年にフランス人モニエ (Joseph Monier) らにより鉄筋コンクリート部材が作られたとされている．いずれも，100 年を超える歴史を有していることになる．

表 3.1 に，コンクリート，鋼材，木材の各材料の特性を比較して示した．コンクリートと鋼材は工場製品であり，木材は天然材料であることが最大の特徴

表 3.1 構造材料の特性

	コンクリート (concrete)	鋼材 (steel)	木材 (wood)
原 料	セメント，粗骨材，細骨材，水 天然材料：砂利，砂，砕石 人工材料：人工軽量骨材	鉄鉱石から銑鉄を作り（製銑），さらに精錬を行ない鋼とする（製鋼）	天然材料（バラツキ，欠陥あり）
形 状	任意形状にできる	板，丸棒，L，I，[，H，○	丸，角，板
単位体積重量 (kN/m³)	$\gamma=23$ （普通コンクリート） $\gamma=5\sim20$ （軽量コンクリート）	$\gamma=79$	$\gamma=4\sim6$
強 度	圧縮強度 Fc： 18〜27 N/mm² 最大 100 N/mm² 程度 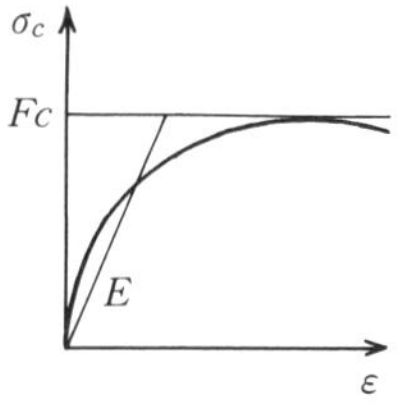 ・引張に弱い　($Fc/10$) ・せん断に弱い ($Fc/20$)	引張強さ σ_u： 400 〜 495 N/mm² 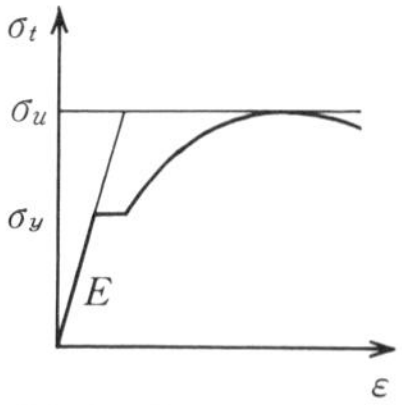 ・断面が小さいため圧縮時に座屈を生じやすい	引張強度： 60 〜 150 N/mm² ・繊維，直角方向差大 ・樹種による差大
ヤング係数	$E=2{,}050$ kN/cm² $=2.1\times10^3$ kN/cm²	$E=20{,}500$ kN/cm² $=2.1\times10^4$ kN/cm²	$E=700\sim1{,}000$ kN/cm²
強度/重量	20/23＝0.9	400/79＝5.1	100/5＝20
特 徴	・圧縮に強い ・耐久性あり（アルカリ性） ・耐火性有り	・引張に強い ・酸化しやすく錆やすい（耐久性が劣る） ・耐火性なし	・引張に強い ・腐朽や蟻害あり（耐久性が劣る） ・可燃材である

である．また，強度は鋼材が最大であるが，自重と比較した比強度は木材が最大となっている．コンクリートは強度も小さく，重量も大きい材料であるが，材料費が安いことと，床や壁といった建築要素を作るのに適していることから多く用いられている．

また，**図 3.1** にはコンクリートと鋼材の応力度 〜 歪度関係が，同じスケールで示してある．これに見られるように，鋼材に比較してコンクリートの耐力や歪値は小さいものであることを理解して，両者を使用することが大切である．

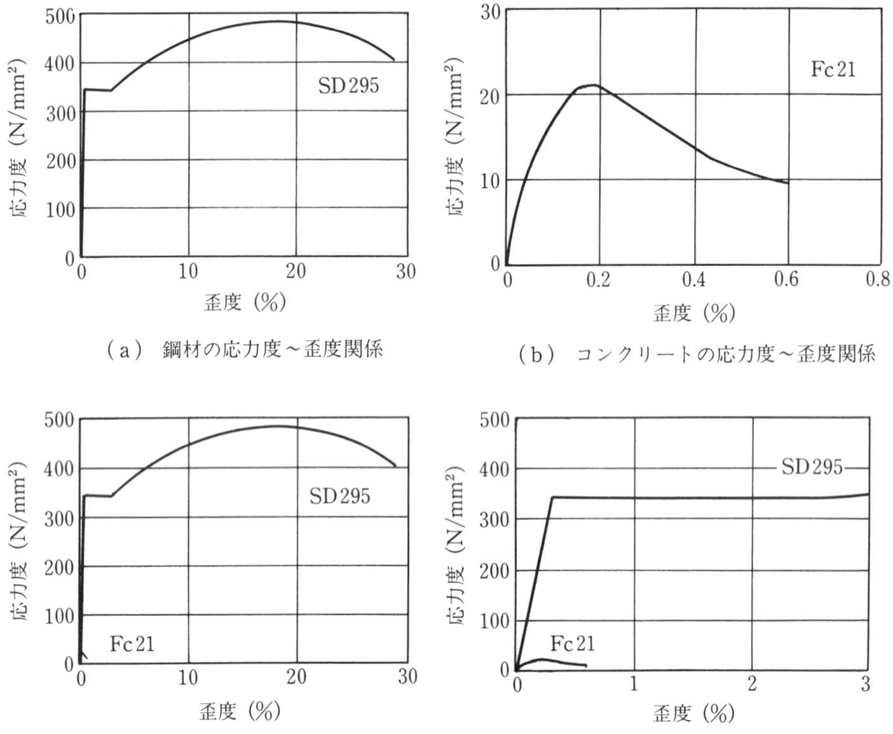

（a）鋼材の応力度～歪度関係

（b）コンクリートの応力度～歪度関係

（c）鋼材とコンクリートの比較

（d）鋼材とコンクリートの比較(拡大図)

図 3.1　コンクリートと鋼材の材料特性

3.2 鉄骨構造

鉄骨構造 (S 造：steel structure) は，鋼材を構造材料とした構造である．鋼構造とも呼ばれるが，本来「鉄」と「鋼」は異なる材料であり，鉄骨という表現は俗称で鋼構造が正しい表現である．

鉄骨構造は，住宅規模の小建築から超高層建築や大スパンの空間建築まで幅広く用いられている．日本で最も高い超高層建物はランドマークタワーの高さ260m であり，約 200m スパンの飛行機格納庫の屋根構造が鉄骨トラス構造で作られ，直径約 200m の東京ドームの空気膜構造を支えるケーブル構造などが，最大規模の鉄骨構造の代表例といえる．

鉄骨構造によると，構造自体は比較的小さな断面で作ることができるが，外装材や内装材などの仕上げ材を別途に用意しなければならない．また，場合により，主要構造体には耐火被覆が必要となる．

写真 3.1　幕張メッセの国際展示場

3.2.1　鉄骨構造の特徴

（1）　優れた構造性能

鋼材は工業製品として安定した構造性能を持ち，特に引張り強度に優れているが，圧縮力が作用する場合には，座屈の影響を考慮して安全性の検討を行う必要がある．応力に対して必要な断面が小さくてすむことから，強度上の問題はない場合でも，変形が過大となることがある．このため，設計時には変形性状を十分に検討する必要がある．

（2）　各部材は工場加工製品

高炉メーカー(一部は電炉メーカー)により圧延された鋼素材を，鉄骨加工業者(ファブリケーター)が柱・梁などの構造部材に加工する．このように，工事に先立って工場において加工された製品が，構造部材として現場に搬入される．

（3）　火に対する配慮が必要

鋼材は，鉄鉱石を溶かして作られる材料であり，高温では材料特性が低下する．建築基準法において耐火性が要求される建物では，火災時において鋼材の温度が 350 度以上にならないように，鉄骨部材に所要の耐火被覆を行う．最近では，建物内部の可燃物量を設定して，火災時の温度を計算して，耐火被覆の必要性を検討すること(耐火設計)も行われている．

（4）　錆に対する配慮が必要

鉄は，鉄鉱石のような酸化鉄の状態が一番安定した状態であり，工業的にこれを還元して，ほかの元素を添加して鋼としているが，鉄の元素は元の酸化鉄の状態に戻りたがっている．このため，酸素に触れると容易に酸化鉄になってしまい，いわゆる錆るという状態になる．錆は断面欠損を生じ鋼材を劣化させるので，表面に防錆塗装やメッキなどの防錆処理を行う必要がある．特に，海岸の近くや酸性度の強い雰囲気の工場などでは，入念な防錆塗装を行う必要がある．

（5）　鋼素材・部材の接合法

鉄骨構造では，圧延された鋼素材を加工して柱，梁などの構造部材としている．このために，鋼素材自体や柱，梁などの部材を接合する必要がある．また，柱と梁が取り合う部分（仕口）では，その接合詳細により構造的挙動が支配されるので，十分に注意した納まりとする必要がある．

（6）　運搬が必要

鉄骨構造部材は，工場で加工されて現場へ運搬されるので，道路および現場での運搬上の制限がある．道路交通法により，道路上を運搬できる部材の寸法や形状が制限されているので，運搬可能な大きさに部材を切断して製作し，現場でつなぎ合わせる必要がある．

一般的には，幅 2.5 m，長さ 12.0 m 程度が最大寸法となる．特殊な場合として，長い部材を特殊なトレーラーで運搬することも不可能ではないが，道路条件が可能かどうかを慎重に検討する必要がある．船による運搬も行われ，その時は船の大きさのみの制限となるが，どこかで陸上輸送が入れば，前記の制約が適用されることになる．

3.2.2 鋼材の材質

鋼材は，使用目的に応じて各種の材質のものが製造されている．最も一般的な鋼材は，SS 400（JIS G 3101「一般構造用圧延鋼材」，降伏点 235 N/mm^2 以上）であり，昔から建築のみならず橋梁，車両，石油貯槽，容器など各種用途に用いられている．溶接構造用に高強度の鋼材として SM 490（JIS G 3106「溶接構造用圧延鋼材」，降伏点 325 N/mm^2 以上）があり，作用応力が大きく高強度が必要な部位に用いられてきた．

表 3.2 鋼材の材質

鋼材の材種	名称	降伏点 (N/mm²)	引張強さ (N/mm²)	降伏比 (%)	伸び (%)	備考
一般構造用鋼材 JIS G 3101	SS400	235 以上	400 以上 510 以下	—	21 以上	16＜t≦40
溶接構造用鋼材 JIS G 3106	SM490 B，C	325 以上	490 以上 610 以下	—	21 以上	16＜t≦40 シャルピー値規定
建築構造用鋼材 JIS G 3136	SN400 B，C	235 以上 355 以下	400 以上 510 以下	80 以下	22 以上	16＜t≦40 シャルピー値規定
建築構造用鋼材 JIS G 3136	SN490 B，C	325 以上 445 以下	490 以上 610 以下	80 以下	21 以上	16＜t≦40 シャルピー値規定

最近では，建築構造用の鋼材として，SN 材が製造されるようになった．建築構造では，接合部に溶接が多用されることや，耐震設計に鋼材の塑性変形能力を積極的に取り入れているので，降伏比（降伏点/引張強さ）やじん性（シャルピー値）を確保した鋼材が望ましい．このような建築用途を重視した鋼材として，SN 400 や SN 490 材が製造されている．

代表的な鋼材の応力度 ～ 歪度関係を**図 3.2** に示したが，図中の 80 キロ鋼は

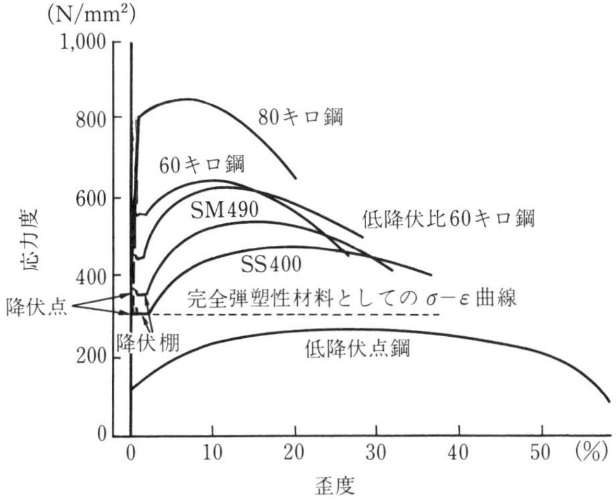

図 3.2 鋼材の応力度 ～ 歪度関係[1)]

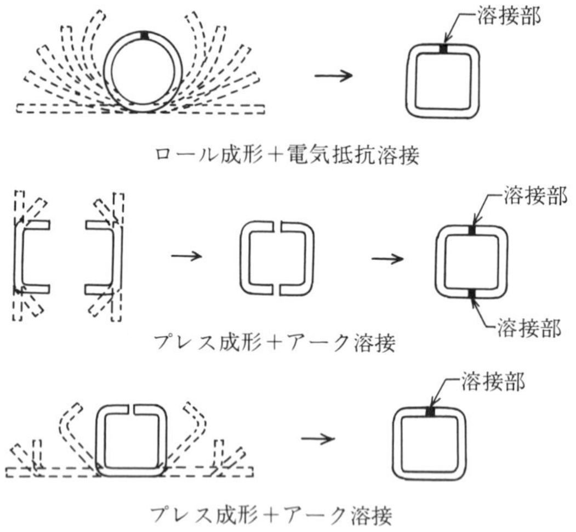

図 3.3　冷間成形角形鋼管の製造方法[1)]

引張強度 800 N/mm^2 の高強度鋼，低降伏点鋼 (LY) は制振構造に用いられるものである．

3.2.3　圧延形鋼

鋼材の断面としては，高炉メーカー (一部は電炉メーカー) により圧延されたものが使用できる．一般的な断面は JIS (日本工業規格) により定められているが，それぞれのメーカーにより特殊な断面も用意されている．使用する際には，カタログなどを参照して使用可能であることを確認する．

熱間圧延により作られる鋼板，山形鋼，I 形鋼，溝形鋼，H 形鋼，鋼管が，一般的に使用される鋼材である．古くは鋼板，山形鋼，溝形鋼程度であったものが，1960 年代から H 形鋼が生産されるようになり，建築分野での鉄骨構造の採用が広まった．H 形鋼は実際には I 形の断面をしているが，すでに I 形鋼が存在していたために，H 形鋼と呼ばれている．

箱形断面部材は，H 形断面に比較して方向性がなく断面性能も良好なため，柱用部材として多く用いられるようになった．H 形断面柱を用いた強軸方向ラーメン構造，弱軸方向ブレース構造という制約がなくなり，箱形断面柱を用いることにより両方向ラーメン構造が可能となり，ブレースがないことによる

表 3.3 圧延形鋼

形鋼の断面形状 (1)

名称	鋼板 (plate)	等辺山形鋼 (equal-leg angle)	不等辺山形鋼 (unequal-leg angle)	I 形鋼 (I-section)
形状	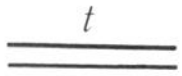	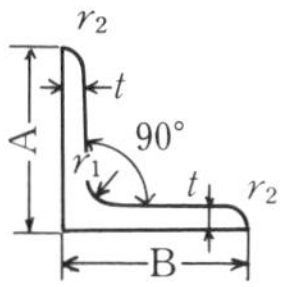	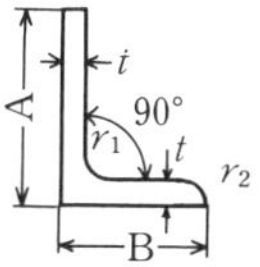	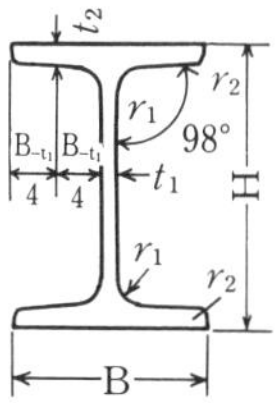
寸法	t	A×B×t	A×B×t	H×B×t_1×t_2
例示	PL-16	L-75×75×6	L-100×75×6	I-200×100×7×10

形鋼の断面形状 (2)

名称	溝形鋼 (channel)	H 形鋼 (wide flange)	鋼管 (pipe)	角形鋼管 (square hollow section)
形状	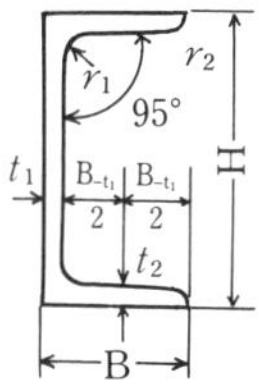	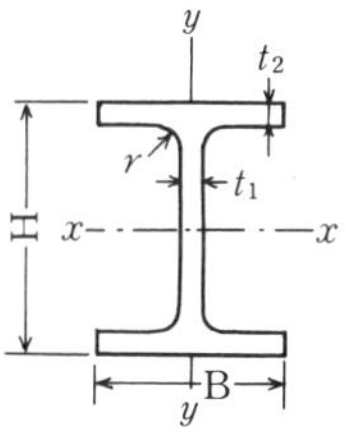	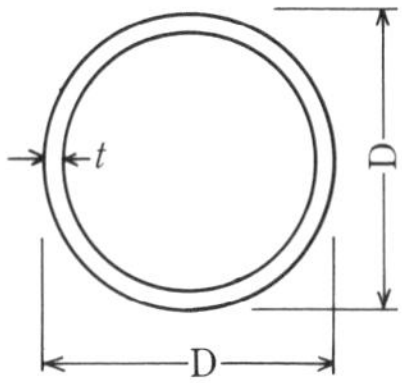	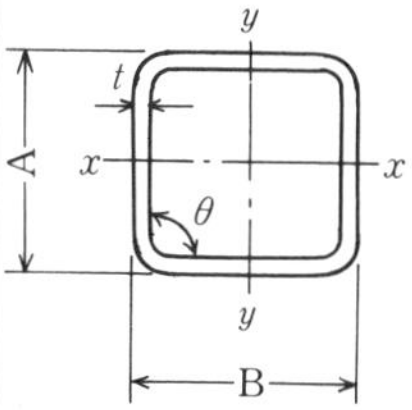
寸法	H×B×t_1×t_2	H×B×t_1×t_2	D×t	A×B×t
例示	[-250×90×9×13	H-200×100×7×10	P-114.3×6.0	□-350×350×16

形鋼の断面形状 (3)

名称	軽溝形鋼 (light guage channel)	リップ溝形鋼 (lip channel)	軽山形鋼 (light angle steel)	軽 Z 形鋼 (light Z section steel)
形状	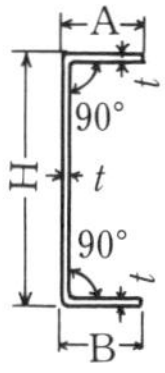	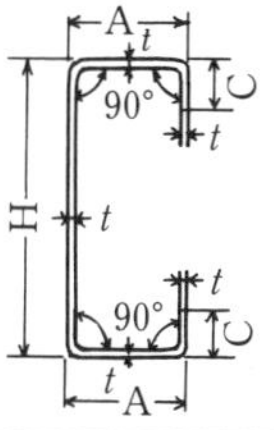	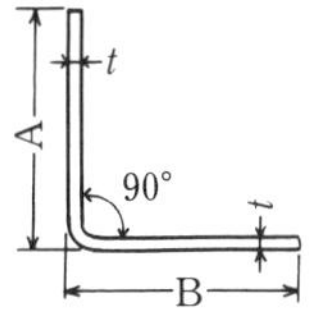	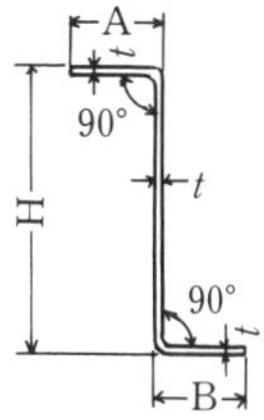
寸法	H×A×B×t	H×A×C×t	A×B×t	H×A×B×t
例示	[-200×75×75×4.5	C-150×75×20×2.3	L-50×50×3.2	Z-60×30×30×2.3

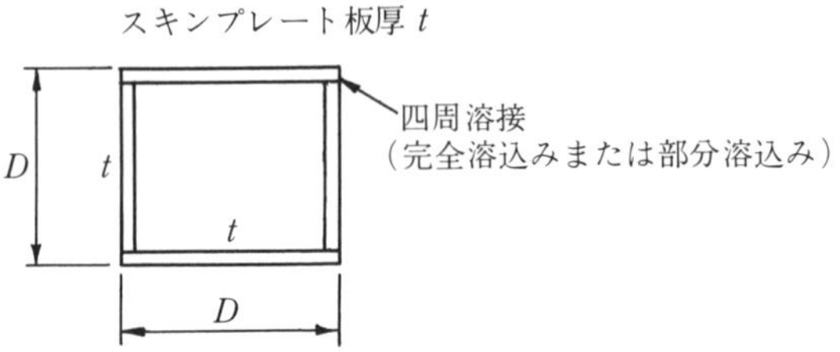

図 3.4　溶接箱形断面

設計自由度の拡大や設計の容易さから，現在では柱の大多数には箱形断面材が使用されている．

箱形断面材は，小さな断面では角形鋼管 (JIS G 3466) が用いられるが，250 mm 程度以上の寸法のものは冷間成形角形鋼管が採用される．冷間成形角形鋼管の製造方法は，**図 3.3** に示したようにロール (圧延) やプレスにより成形し，アーク溶接により作られる．超高層に使用される箱形断面柱は，溶接箱形断面（4 面ボックスまたはビルトアップボックス）と呼ばれ 4 枚の鋼板を溶接して箱形断面とするもので，各面の鋼板（スキンプレート）が厚いものも使用可能である (**図 3.4** 参照).

3.2.4　鉄骨構造部材

構造部材として用いられる鉄骨部材としては，線材と面材に大別される．線材は部材寸法に対して長く，線と考えられる一方向部材である．面材は，2 方向，3 方向に部材を配置して平面や曲面を構成しているものである．

（1）　線材

線材としては，建築構造を構成する要素として，柱，梁，小梁，ブレースなどがある．線材は，単材と組立材に分類される．

(単材)　H・□などの形状をして，形鋼および溶接部材によるものが単材である．**図 3.5** に形鋼を用いた単材の様子を示す．

(組立材)　部材がフランジ (弦材) とウェブ (腹材) から構成されている部材を組立材という (**図 3.6**)．組立材のウェブが鋼板によりふさがれている場合を充腹材 (フルウェブ)，ウェブがラチス (斜材) によるものを非充腹材 (オープンウェブ) という．**図 3.7** に組立材の例を示す．

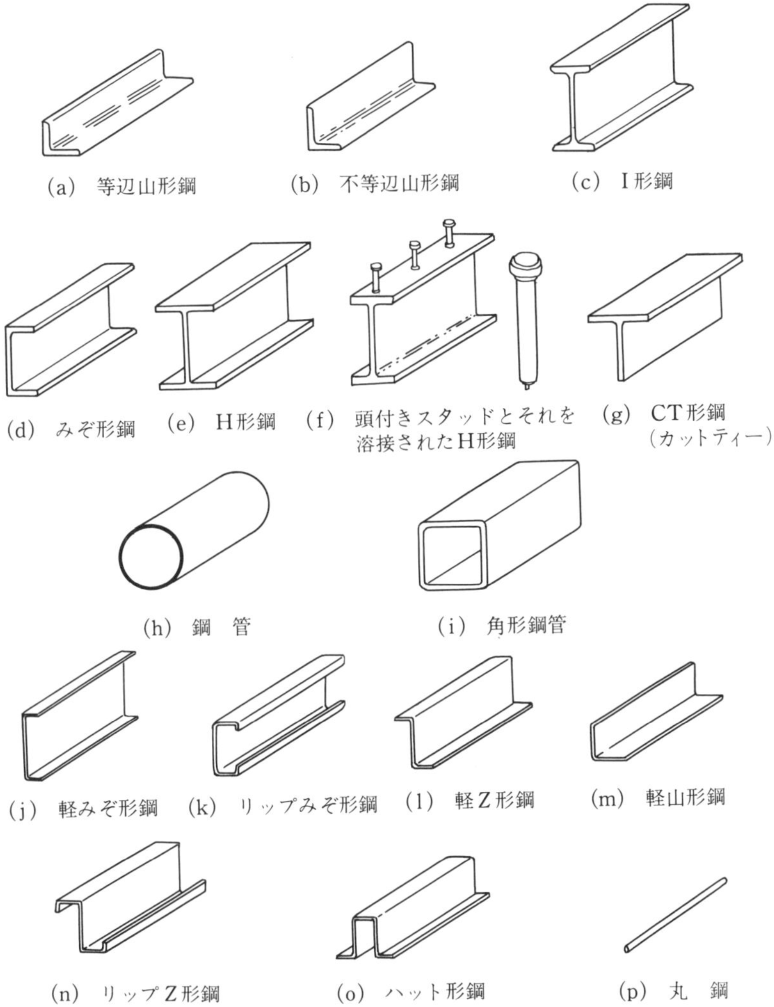

図 3.5　単材の利用[2)]

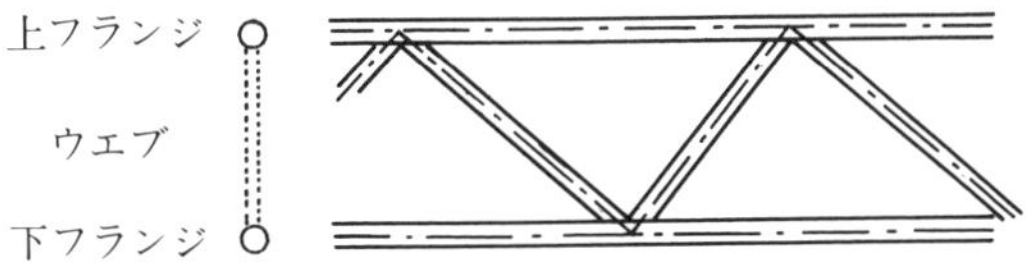

図 3.6　組立て材の構成

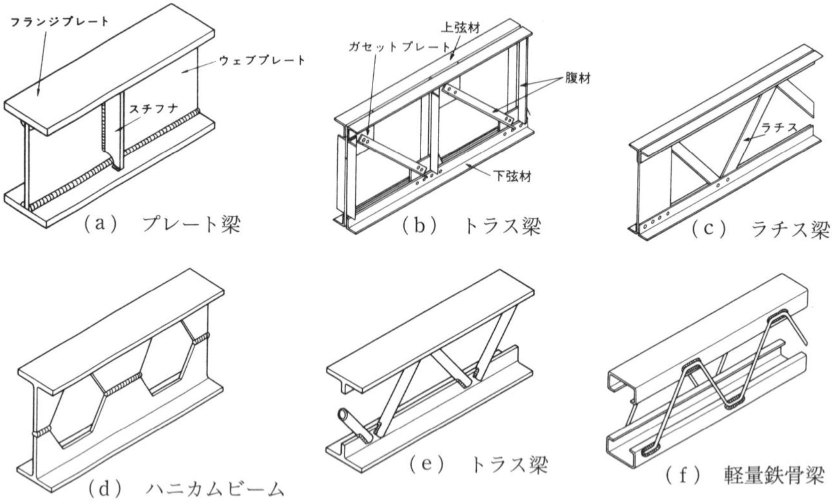

図3.7　いろいろの組立材[2)]

（2）　面材

立体トラスなどで，2方向，3方向に部材をつなげて平面や曲面を構成するものである．部材そのものは単材であるが，組み上げられた結果が面を構成しているものをいう(4.2.5項参照).

3.2.5　鉄骨構造の工法

（1）　接合

部材を接合するためには，リベット，高力ボルト，溶接，ボルトなどの接合方法がある．リベットは古くから用いられた接合工法であるが，鋼材を加熱して現場で加工するための現場作業が大変で，1960年代半ばで高力ボルトに切り替えられた．ボルトは，仕上げ材の止め付けなどの軽微なものに使用され，構造的に重要な部分での使用は行われない．リベットとボルトでの力の伝達は，ともに支圧力により行われる(**図3.8**ⓐ参照).

高力ボルト接合では，高強度のボルト(F10T：引張強さ1,000 N/mm²など)を使用し，ボルトに大きな張力を与えて接合する板を締め付ける．高力ボルト接合における力の伝達は，材間摩擦力またはボルトの引張力により行われ

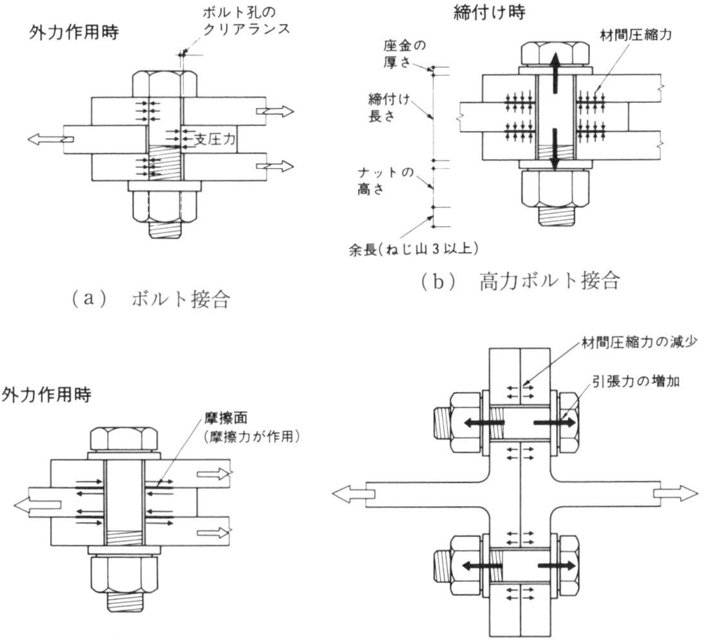

(a) ボルト接合

(b) 高力ボルト接合

(c) 材間摩擦力による力の伝達

(d) 材間圧縮力の減少とボルトの引張力増加による力の伝達

図 3.8 接合方法

るが，摩擦接合が主に用いられている．(図 3.8(c)および(d)参照)．

溶接接合は，造船分野において発達した溶接工法が 1960 年代に建築業界にも導入され，部材の接合に用いられるようになった．1970 年頃から，完全溶込溶接部の非破壊検査方法である超音波検査法 (UT 検査：ultra-sonic test) が開発され溶接部の信頼性が高まり，大々的に構造部材の接合方法として採用されるようになった．溶接による継手の例を**図 3.9** に示すが，母材の力を完全に伝達する完全溶込溶接 (同図中の(a)と(i)) と，主としてせん断力を伝達する隅肉溶接 (同図中の(b)と(d)) が多く用いられている．

一般的には，製作工場における接合部には溶接接合，現場における接合には高力ボルト摩擦接合が用いられることが多い．超高層建物を中心に，使用鋼材量の低減効果や省力化をねらって，現場溶接接合も採用されるようになってきている．

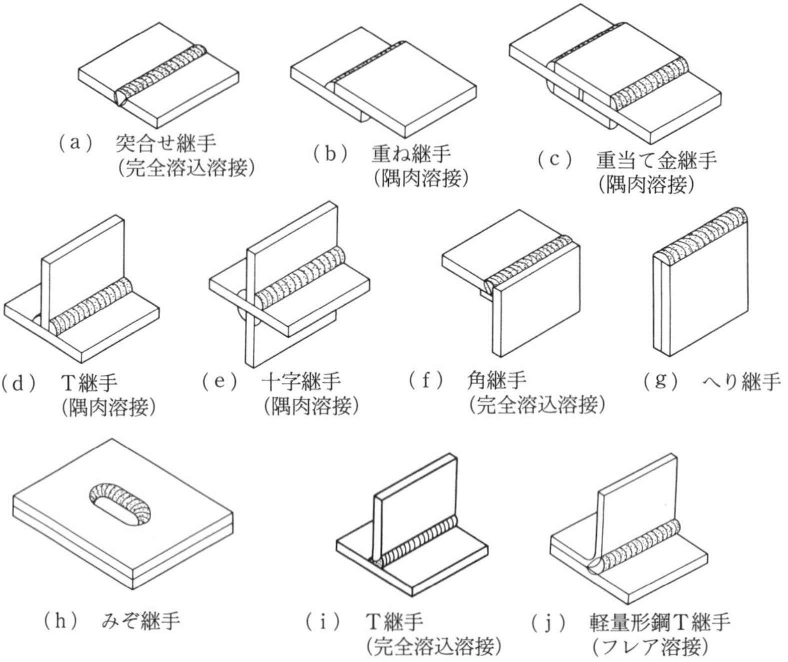

図3.9　溶接継手の例

(2)　仕口

仕口は，柱材と梁材の交点で力を伝達する重要な部分である．線材と考えると柱・梁の力は瞬時に移動し釣合うと見なせるが，実際には部材寸法があり仕口部分にも応力伝達の役割が必要である．この部分の詳細が不完全な場合には，剛接骨組としての機能が果たせなくなるので注意する．

仕口には，柱通しと梁通しの納りがある．梁通しは，梁のフランジ板が貫通しているので，梁の力を伝達しやすいが，柱材は1層分ずつ溶接されるため精度確保が難しい．柱通しは，精度確保は容易であるが，地震時に降伏する部分に当たる梁端部に溶接接合が出てくるので，じん性の確保に留意する必要がある．

(3)　仕上材

鉄骨構造においては，床は通常鉄筋コンクリート構造床とし，構造部材とは別に屋根，外壁，内壁といった仕上部材が必要である．この仕上げ材の性能が

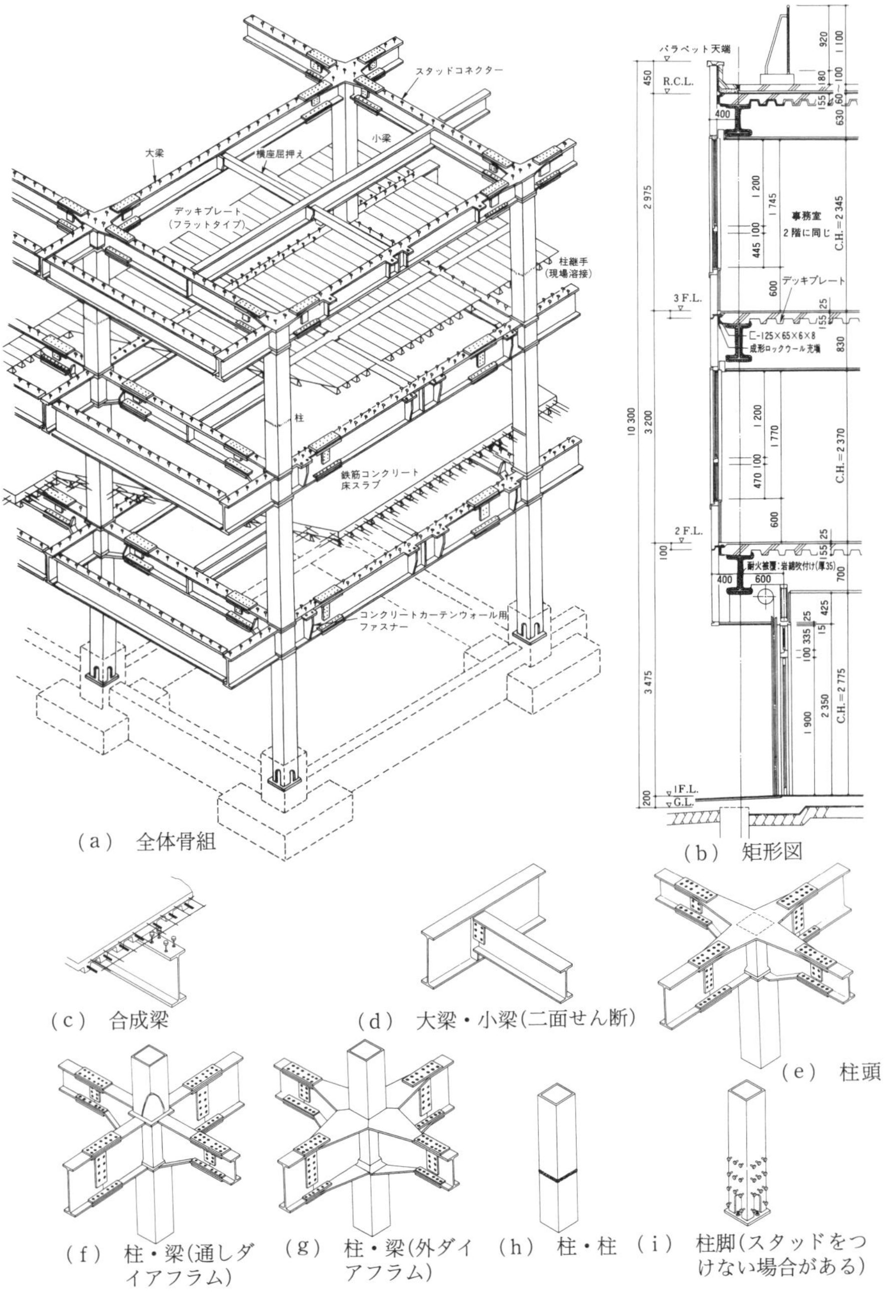

(a) 全体骨組

(b) 矩形図

(c) 合成梁

(d) 大梁・小梁(二面せん断)

(e) 柱頭

(f) 柱・梁(通しダイアフラム)

(g) 柱・梁(外ダイアフラム)

(h) 柱・柱

(i) 柱脚(スタッドをつけない場合がある)

図 3.10 中層骨組・両方向ラーメンの例[2)]

充分でないと，建築物としての性能が低下することになるので，断熱，遮音，防水といった建築性能の確保に留意する必要がある．

3.3 鉄筋コンクリート構造

鉄筋コンクリート構造（RC造：reinforced concrete structure）は，主として低層建物に最もよく用いられている構造である．最近では，高強度コンクリートを使用した超高層住宅も数多く建設されている．

3.3.1 鉄筋コンクリート構造の特徴

（1）建築材料としての存在意義

鉄筋コンクリート構造の最大の特徴は，コンクリートという材料が構造材料のみではなく，建築材料であるという点である．床，壁，屋根，間仕切りといった建築空間を構成する要素は，主としてコンクリート材料により作られる．また，コンクリート材料は，断熱，遮音，防水といった建築性能に優れている．特に，床構造はほとんどの場合鉄筋コンクリート構造としているし，外壁もプレキャストコンクリートを含めるとかなりの部分がコンクリート系構造である．

（2）現場製作部材

鉄筋コンクリート構造は，構造部材が現場において製造されることが多い．建築生産が，敷地条件に左右される単品生産システムであることも関係して，個々に現場での対応が可能となる鉄筋コンクリート構造が多用されている．

一方では，現場作業を主体とすることから，構造性能を確保するための品質管理や，現場作業員確保の難しさがあり，建築現場の前近代性を象徴している一面もある．

しかし，工場において部材を製造し現場搬入して組み立てるプレキャストコンクリート工法は，単品生産システムの建築物には不向きな面もあり，運搬費用もかかるので一般的な工法とはなっていない．最近多用され出したハーフプレキャスト工法は，床版や外壁版として使用され，型枠工事や外部足場を低減する効果により有効な手段となっている．

（3）コンクリートと鋼材の特性

鉄筋コンクリート構造は，コンクリートの利点と鋼材（鉄筋）の利点をうま

表 3.4 コンクリートと鉄筋の協力

性 能	コンクリート	鉄 筋	特 徴
強 度	圧 縮	引 張	両特徴を重ね合わせ圧縮，引張に抵抗する
耐久性	良	不 良	コンクリートのアルカリ性により鋼材の錆を防ぐ
耐火性	良	不 良	コンクリートの結晶水により耐火性を持たせる
線膨張係数	10^{-5}/°C	10^{-5}/°C	伸び率が同じで一体化しやすい

く利用し，それぞれの欠点をカバーし合った構造である．この関係をまとめ表示したものが，**表 3.4** である．

耐久性や耐火性を保持するためには，鉄筋がコンクリートにより適切に被覆されている必要がある．この被覆部分をかぶり厚さといい，部位や土に接する条件に応じて 20 mm ～ 70 mm の値が規定されている (**図 3.11** 参照)．

3.3.2 鉄筋コンクリートの材料

（1） 鉄筋

鉄筋としては，昔は丸鋼が使われていたが，コンクリートとの付着性状を改善し高強度とした異形丸鋼が 1960 年代半ばに出現し，現在はほとんどの鉄筋が異形鉄筋である．また，鉄骨構造用の鋼材と比較すると，異形鉄筋の方が高強度材料であることがわかる (**表 3.5** 参照)．

一般的には，大きな力を持たせたい主筋には，太物 (径 D19 以上) の SD 345・SD 390 を使用する．帯筋 (フープ)，あばら筋 (スタラップ) のせん断補強筋や床，壁筋には，細物 (径 D10 ～ D16) の SD 295A を使用する．

鉄筋の接合には，重ね継手，ガス圧接継手，溶接継手，機械式継手がある．一般的には，細物には重ね継手が，太物にはガス圧接継手が用いられる．鉄筋径が D32 程度以上となると，ガス圧接が難しくなるので，全自動ガス圧接，溶接継手，機械式継手が用いられる (**図 3.12** 参照)．

（2） セメント

セメントには，一般のコンクリート工事用の普通ポルトランドセメント (JIS R 5210) と高炉セメント A 種 (JIS R 5211) が用いられる．ほかに，早期に強度を発揮するために用いられる早強セメントやマスコンクリートに用いられる中庸熱セメントなどがある．

表 3.5　鉄筋コンクリート用棒鋼の材質

鉄筋の材種	名称	降伏点 (N/mm²)	引張強さ (N/mm²)	備考
丸鋼 JIS G 3101	SR235	235 以上	382 以上 520 以下	使用例少い
異形丸鋼 JIS G 3106	SD295A	295 以上	440 以上 600 以下	細物に使用
	SD295B	295 以上 390 以下	440 以上 600 以下	
	SD345	345 以上 440 以下	490 以上	主筋に使用
	SD390	390 以上 510 以下	560 以上	主筋に使用
	SD490	490 以上 625 以下	620 以上	主筋に使用

部位			設計被り厚さ (mm)	建築基準法施行令 (被り厚さの最小値)
土に接しない部分	屋根スラブ 床スラブ 非耐力壁	屋内	30	20
		屋外	40(1)	
	柱 梁 耐力壁	屋内	40	30
		屋外	50(2)	
	擁壁		50(3)	–
土に接する部分	柱・梁・床スラブ・耐力壁		50	40
	基礎・擁壁		70	60

注) (1)　耐久性上有効な仕上げのある場合，係員の承認を受けて 30mm とすることができる.

(2)　耐久性上有効な仕上げのある場合，係員の承認を受けて 40mm とすることができる.

(3)　コンクリートの品質および施工方法に応じ，係員の承認を受けて 40mm とすることができる.

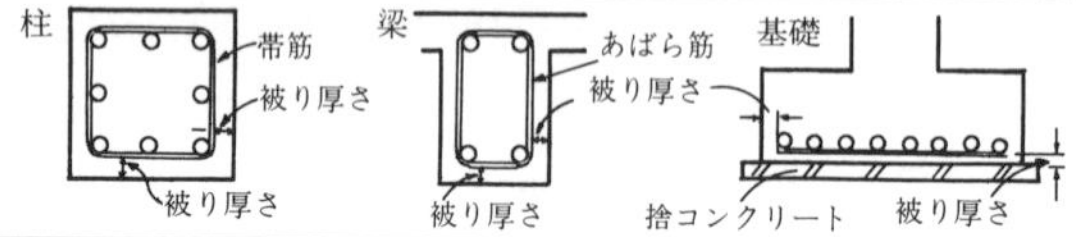

図 3.11　鉄筋のかぶり厚さ

(3)　骨材

コンクリート用の粗骨材としては，従来より用いられてきた川砂利が減少し，砕石砂利が使用されるようになっている．細骨材としても，川砂がなくなり山砂，海砂を使用しており，特に海砂の使用によりコンクリート中の塩分量が増加し耐久性に問題が生じた．このため，塩分の総量規制が行われ，海砂を

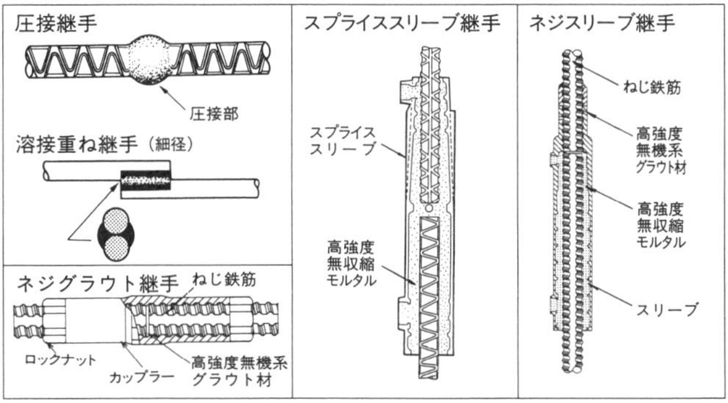

図 3.12　各種鉄筋継手

十分洗浄して使用するようになった．

骨材は地方ごとに供給され，遠隔地から運搬すると高価なものになるので，その地方独自の骨材特性が存在する．設計に当たっては，この地域特性を知ってコンクリートに期待できる性能を予測する必要がある．

3.3.3　鉄筋コンクリート部材

鉄筋コンクリート部材は，原則として任意の断面形状にできる．すなわち，型枠を作って配筋しコンクリートを打設すればどのような形状にもなる．実際には，建築計画上の理由や曲面型枠が高価なことから，矩形や円形とすることがほとんどである．

鉄筋コンクリート部材としては，水平要素として床構造を形成する梁，床スラブと，鉛直要素である柱，壁から構成される．

（1）　線材

柱と梁が線材に当たるが，梁は柱につながり架構を構成するものを大梁，柱につながらず鉛直荷重を支持するものを小梁という．

一般的な矩形断面の鉄筋コンクリート部材の配筋は，**図 3.13** に示したように，主筋とそれを拘束するせん断補強用の帯筋，あばら筋からなる．鉄筋コンクリートの名称のように，ある断面のコンクリートに対しては適切な量の補強鉄筋が入ることが望ましい．

(1)　柱断面　　(2)　梁断面

図 3.13　鉄筋コンクリート部材断面

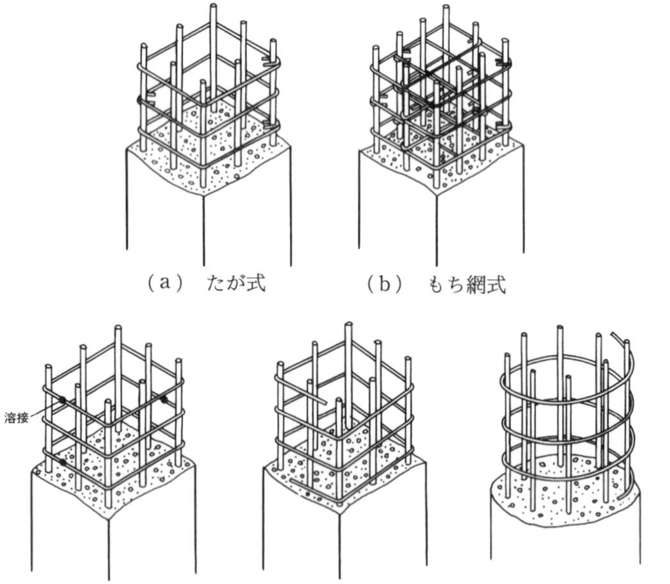

（a）　たが式　（b）　もち網式
（c）　溶接閉鎖形　（d）　角形スパイラル　（e）　円形スパイラル

図 3.14　帯筋（せん断補強筋）の種類

（2）　面材

鉄筋コンクリート構造の特徴の一つは，容易に連続した面を鉄筋コンクリートで打設する事ができることである．このような面部材としては，床スラブ，壁，シェル構造の曲面屋根などがある．

床スラブは，通常は水平面に置かれ，4辺は大梁または小梁で支持される．架構面内の壁も同様に，4辺は左右の柱と上下の梁により拘束される．架構面内の壁は，通常は耐震壁として地震力に対する抵抗要素とする．これらの面材

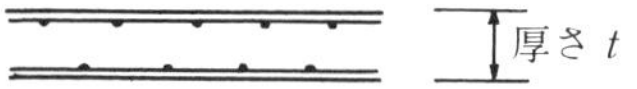

図 3.15 面材の配筋

は，断面内の上下に 2 方向配筋（ダブル配筋）を行い，応力およびひび割れに対応する．

（3） 柱・梁接合部

4 方から取り付く梁主筋は，柱断面内において相互に力を伝達する必要があり，この柱梁接合部内の応力伝達は大変重要である．1 カ所の柱に取り付く梁の主筋設計に当たっては，このことをよく考え梁断面や梁主筋の径と本数を設定する必要がある．梁幅も主筋本数も異なる場合には，柱断面内での梁主筋の定着は大変なことになる．このため，ある階で使用する梁主筋の径は同一にしておくことがよく行われる（**図 3.16** 参照）．

3.3.4 設計上の問題

鉄筋コンクリート部材は，せん断力に対してひび割れを生じるとぜい性的に破壊することが多い．このため，曲げ降伏を保証するように十分なせん断補強を行い，じん性のある部材設計を心がける必要がある．

柱，梁接合部の項でも述べたように，配筋の納まりは大変重要である．現場において鉄筋がどのような状態で配筋されるかを想像しながら，断面設計を行うことが必要である．また，小さな断面に過剰な配筋を入れ込むと，鉄筋に邪魔をされてコンクリートの充填性（まわり）が悪くなる．適度な鉄筋間隔が保たれるように，柱，梁寸法と使用鉄筋径，本数を調整する．

また，鉄筋コンクリート構造では，各種のひび割れ（曲げひび割れ，せん断ひび割れ，収縮ひび割れなど）が発生することに注意する必要がある．断面計算においてコンクリートの引張り強度を無視して計算しているため，曲げ引張りにより曲げひび割れが発生しやすいので，梁断面に余裕を持たせ下端コンクリートの引張り応力度が大きくならないようにする．せん断ひび割れを発生させないように断面設定し，せん断補強も十分に行う．収縮によるひび割れは発生予測が難しく，ある程度経験によらざるを得ないが，コンクリート全体に補強筋をまんべんなく入れ込んでおくことや必要に応じひび割れ誘発目地を設けるなどの対策をとる．

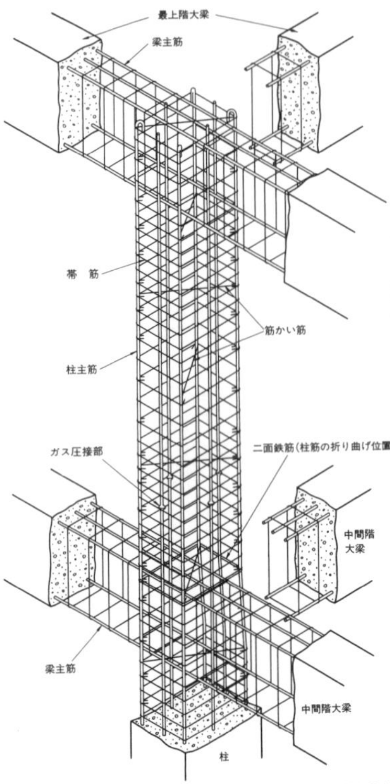

(a)　柱の配筋(柱筋の絞りのある場合)

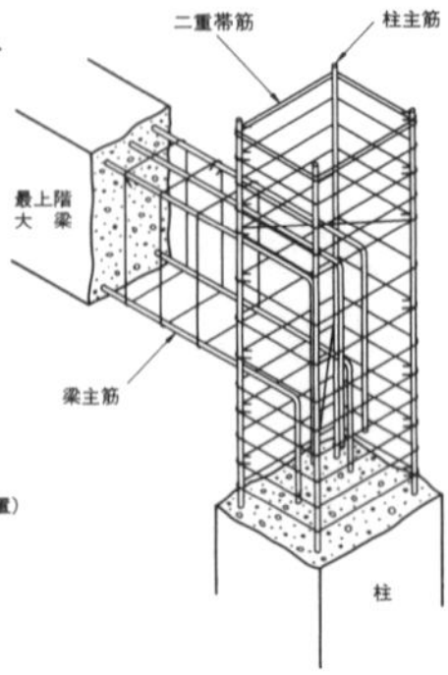

(b)　梁せいの小さい場合の最上階柱筋の納まり例

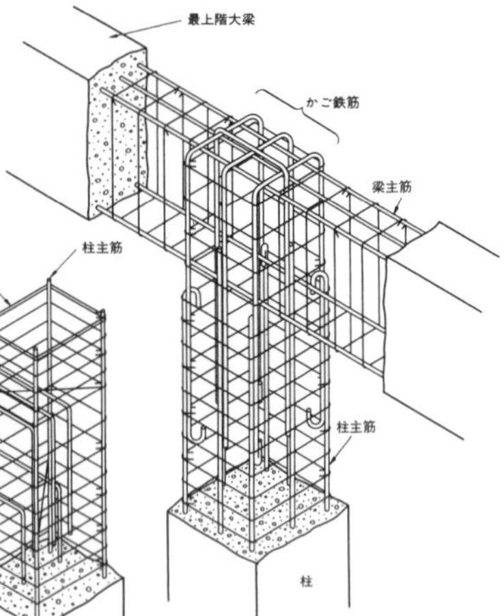

(c)　最上階柱筋の納まり例

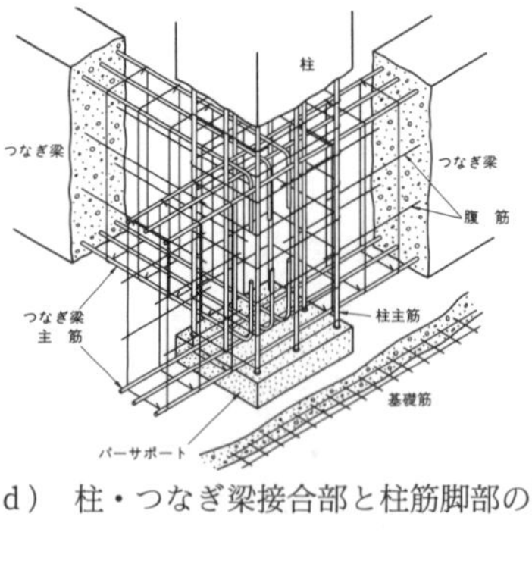

(d)　柱・つなぎ梁接合部と柱筋脚部の納まり(基礎筋配筋後)

図 3.16　鉄筋コンクリート構造の配筋[2)]

3.4　鉄骨鉄筋コンクリート構造

鉄骨鉄筋コンクリート構造（SRC構造：steel encased reinforced concrete）は，わが国で独自に発達した混構造（合成構造）である．外壁や床にはコンクリートを用いたいことから，鉄筋コンクリートの連続性と鉄骨構造の耐力を組合せたものである．部材耐力は，鉄骨部材（S）と鉄筋コンクリート部材（RC）の強度を累加して計算される．

3.4.1　鉄骨鉄筋コンクリート構造の特徴

（1）　大きい耐力

鉄筋コンクリート断面に耐力の大きい鉄骨部材を入れ込むので，結果として大きな耐力を有する部材を得られる．コンクリートの圧縮耐力と鉄骨部材の引張り耐力を有効に利用することにより，圧縮にも引張りにも強い部材とすることができる．特に，断面寸法を変えないで部材耐力を大きくしたい時には，鉄骨部材の板厚を大きくすればよいので便利である．

（2）　部材寸法

一般には，鉄骨鉄筋コンクリート部材の寸法は，鉄筋コンクリート部材に比較して大きくなる．これは，鉄骨断面寸法が製作時の最小寸法や継手部の納まりなどにより決められ，それ以下にはなりにくいことによる．結果として，鉄骨鉄筋コンクリート構造建物の重量はほかの構造と比較して多くなる．

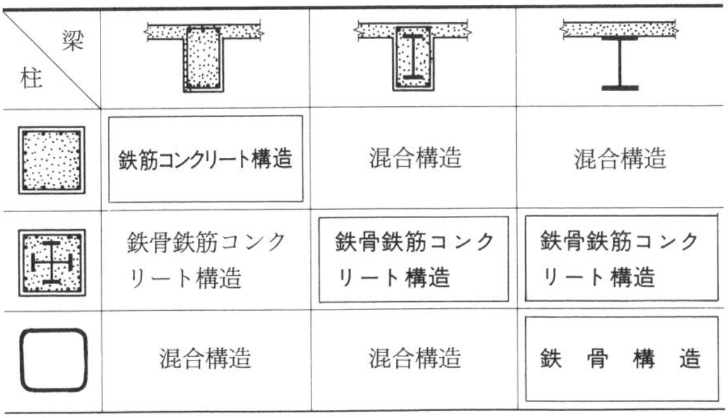
梁
柱
鉄筋コンクリート構造
混合構造
混合構造
鉄骨鉄筋コンクリート構造
鉄骨鉄筋コンクリート構造
鉄骨鉄筋コンクリート構造
混合構造
混合構造
鉄　骨　構　造

□：一般的な構造形式
（鉄骨鉄筋コンクリートをSRCと呼称する）

図3.17　構造種別の呼称

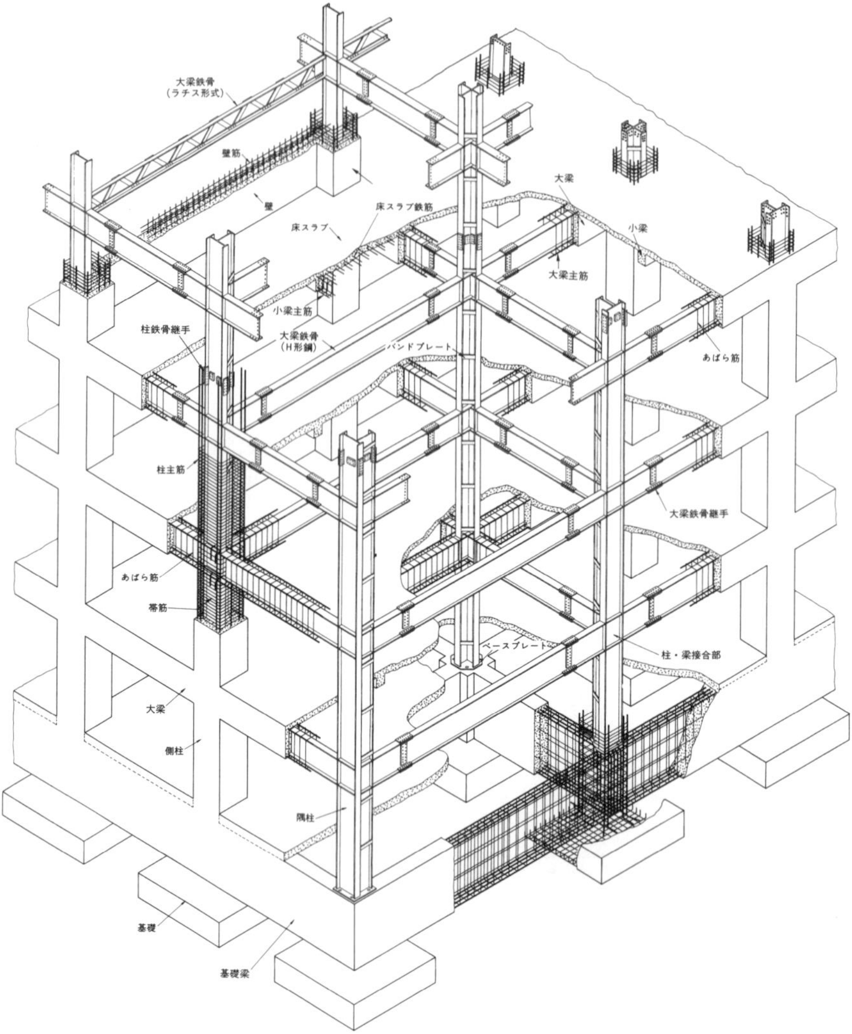

図 3.18　鉄骨鉄筋コンクリート構造概念図[2)]

（3）その他

鉄骨構造と鉄筋コンクリート構造の長所，問題点をそのまま受け継いでいるが，鉄骨構造における防錆問題はコンクリートにより被覆されることにより解消される．

工期的には，鉄骨工事が終了してから鉄筋工事が行われるために，工事期間は両者の和が必要となる．鉄骨から吊り足場を設けるなどして多少鉄筋コンクリート工事が楽になるが，全体的には工事期間が長くなる．

3.4.2　鉄骨鉄筋コンクリート部材

柱と梁がどのような構造種別かにより，鉄骨鉄筋コンクリートと呼ばれるかどうかが区別される．一般的には，柱が鉄骨鉄筋コンクリート構造で，梁が鉄骨鉄筋コンクリート構造または鉄骨構造のものを，鉄骨鉄筋コンクリート構造と呼んでいる（**図 3.17** 参照）．

3.5　プレストレストコンクリート構造

プレストレストコンクリート構造（PC 造：prestressed concrete structure）は，大スパン構造に用いられるほか，工場製作されるプレキャスト部材において利用されている．土木分野では，コンクリート系の橋梁はすべてプレストレストコンクリート構造であるといってよいであろう．

3.5.1　プレスレストコンクリート構造の原理

高強度鋼材を用いて，あらかじめコンクリートに圧縮力（prestress）を与え

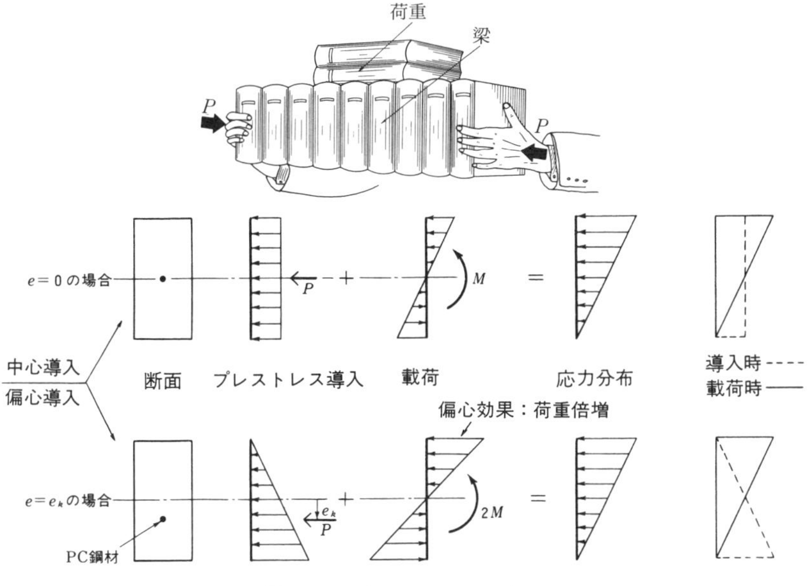

図 3.19　プレストレスの原理

ておき，見かけのコンクリート引張強度を上げる．図示したように，コンクリートにあらかじめ与えられた圧縮応力度と曲げ引張り応力度が相殺して，コンクリートには引張り応力度が生じないことになる．もちろん，鋼材には余分な引張り力が作用するため高強度鋼材(PC 鋼材)を使用し，コンクリートにも余分な圧縮力が作用するため高強度コンクリートを使用する．

3.5.2　プレストレストコンクリート構造の材料

（1）コンクリート

使用されるコンクリートは，圧縮強度 30 〜 50 N/mm^2 の高強度コンクリートを使用する．現場でコンクリート打設を行うポストテンション工法では，十分な施工管理が必要である．

（2）PC 鋼材

PC 鋼材には，PC 鋼線，PC 鋼より線(ストランド)，PC 鋼棒がある．引張り強さは 800 〜 2,000 N/mm^2 であり，ほかの鋼材と比較して 2 〜 5 倍も高強度である(**表 3.6** 参照)．

3.5.3　プレストレストコンクリート構造の工法

プレストレストコンクリートにおいて，プレストレストを与える時期により 2 種類の工法がある．

プレテンション方式は，あらかじめ緊張力(引張力)を与えた PC 鋼材にコンクリート打設し，コンクリート硬化後に PC 鋼材の反力を解放し収縮させ，コンクリートに圧縮力を与えるものである．型枠から反力をとるため，まくら木や杭などのプレキャスト部材において利用されている．建築構造部材としては，プレキャスト部材を組み立てる工法に採用されている．

ポストテンション方式は，コンクリートの打設，硬化後にコンクリートを反力として PC 鋼材に緊張力を与え，コンクリートを圧縮するものである．PC 鋼材はあらかじめシース内に納められ，コンクリート打設時にはコンクリートと付着しないようにし，PC 鋼材緊張後にシース内にグラウトを行い，コンクリートと PC 鋼材を一体化する．大規模なプレストレストコンクリート構造は，通常ポストテンション方式により施工されている．

表 3.6　PC 鋼材の材質

緊張材の材種	寸　法	引張強さ/降伏点 (kg/cm²)	姿　　図
PC 鋼線 JIS G 3536 SWPR1	5 mm ～ 9 mm	径が 5 mm を超え 7 mm 以下 15,500/13,500	
PC 鋼より線 JIS G 3536 SWPR2	2 本より 2.9 m×2	19,500/17,500	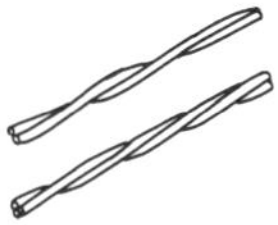
PC 鋼棒 JIS G 3109 SBPR 930/1080	7.4 m ～ 32 mm	11,000/9,500	

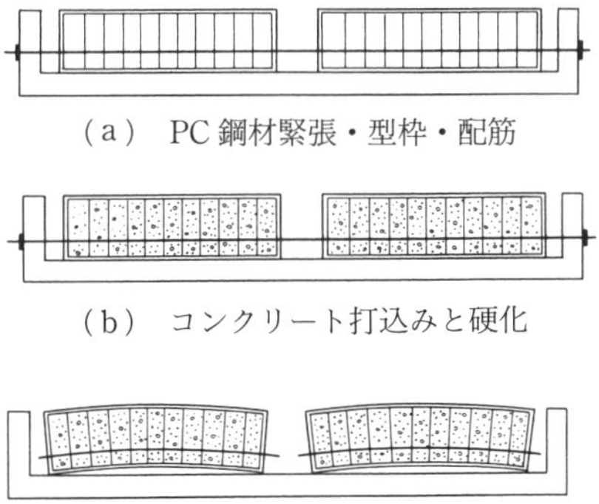

（a）　PC 鋼材緊張・型枠・配筋

（b）　コンクリート打込みと硬化

（c）　プレストレス導入(定着部の解放)

図 3.20　プレテンション部材の製作

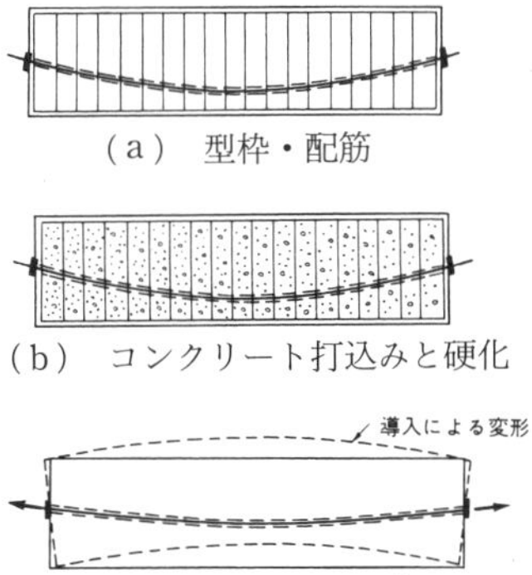

（a）　型枠・配筋

（b）　コンクリート打込みと硬化

（c）　プレストレス導入

図 3.21　ポストテンション部材の製作

3.6　木質構造

木質構造(木造：wooden structure)は，使用する材料と工法により，在来軸組工法，集成材建築物，枠組壁工法に分けられる．

在来軸組工法は，伝統的な和風木造建築の工法を引き継いだもので，いわゆる木造住宅として広く採用されている．部材断面は天然材料をそのまま使用す

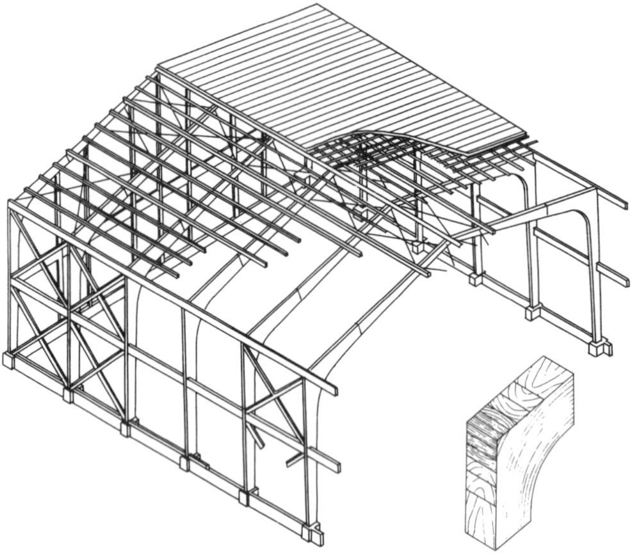

図 3.22　集成材のラミナ積層と構造システム

るもので，大工が経験に基づき適切に選択して，伝統工法による部材選定と接合部施工が行われている．2階以下，高さ13m以下，軒高9m以下，延べ面積500m²以下の場合は，建築基準法では構造計算を必要としないが，筋かいを入れた軸組あるいは面材を釘止めした壁などの必要量を規定し，耐震性を確保しようとしている．

集成材建築物は，薄い木材を貼り合わせた集成材を主要部材とする木質構造であり，住宅以外の大規模木造建築に用いられる．集成材部材相互の接合部は鋼材や接着剤を用いることが多く，木質構造ではあるが部分的には鉄骨構造の収まりや応力伝達機構の検討が必要になり，安全性の確認は構造計算により行われる．この特性を積極的に利用したものが立体トラス構造であり，**図 3.23** に示したように，木造トラス部材を鋼材ジョイントで接合してトラスを構成している．

枠組壁工法は，いわゆるツーバイフォー構法であり，あらかじめ工場でパネル化された壁を現場で組み立てるものであり，主として住宅に用いられている．

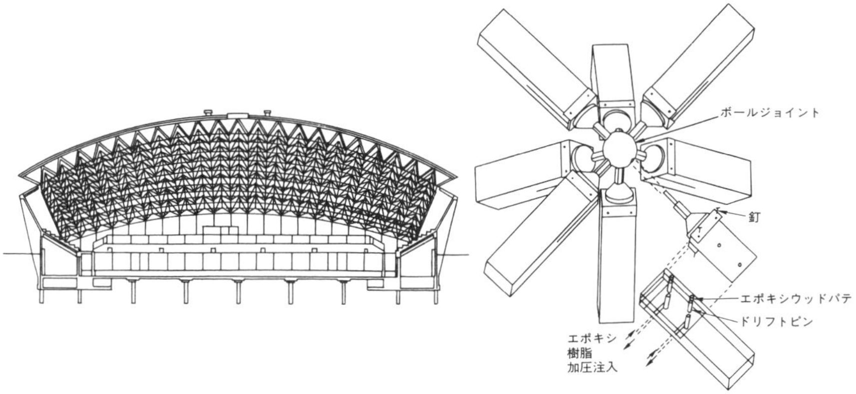

図 3.23　木造立体トラス構造

3.7　構造種別の位置付け

各種の構造種別の関係は，本来連続的なものであり，以下のように位置付けられる．

構造種別は，構造部材内のプレストレス量，鉄筋量，鉄骨量が増加減少する

PC	⟺	PRC	⟺	pRC	⟺	RC	⟺	sRC	⟺	SRC	⟺	SrC	⟺	SC	⟺	S
プレストレスコンクリート構造		PRC構造				鉄筋コンクリート構造				鉄骨鉄筋コンクリート構造				鉄骨コンクリート構造		鉄骨構造

注）
- ・プレストレス量　小：p　大：P
- ・鉄筋量　小：r　大：R
- ・鉄骨量　小：s　大：S

図 3.24　構造種別間の関係

に従い，少しずつ変化していくものである．建築基準法や建築学会諸規準は，これらの代表的な構造種別を取り上げて○○構造として厳密にほかと区分している．しかし，設計者が設計した実際の内容は，各構造種別の中間に位置付けられることも多く，一律に構造種別を適用することが不自然な場合もあることに留意すべきである．

3.8 基礎構造

基礎構造は，建物の重量を支持して地盤に伝えるための重要な構造である．基礎構造が不十分だと，不同沈下や傾斜を生じることがある．わが国の大都市は沖積平野に位置することが多く，敷地地盤がよくないことが多い．このため，基礎構造の設計の考え方が構造計画に大きな影響を与える．

支持地盤は，建物重量を支持させる地盤のことをいい，地表～地表面下数十m以浅の範囲にある良質地盤を利用する．支持層は深くても70m程度であり，それより深い場合は支持杭を使用せず摩擦杭とするなどの選択がされる．一般的には，支持地盤はN値50以上の硬質地盤である洪積層(約2万年前の地盤)とすることが多く，東京都心部では地表面下20m程度の東京礫層(砂礫層)としている．軽微な建物の場合には，関東ローム層などの表層地盤を支持層とすることもある．

3.8.1 基礎形式

建物重量を支持する方法には，支持地盤の地耐力によるもの，地盤の摩擦力によるもの，土の浮力により建物重量をバランスさせるものの3種類がある．

（1）基礎種別

建物重量を支持する方式により基礎種別が分類され，基礎種別には以下の3種類がある．

(a)　直接基礎　　建物重量を直接地盤に伝達するもの(良質地盤)．

(b)　杭基礎　　建物重量を杭により支持するもの．

(c)　浮き基礎　　土の浮力により建物重量をバランスさせるもの(軟弱地盤)．

（2）基礎形状

基礎は建物重量を地盤に伝えるための構造体であり，基礎形状には**図3.25**

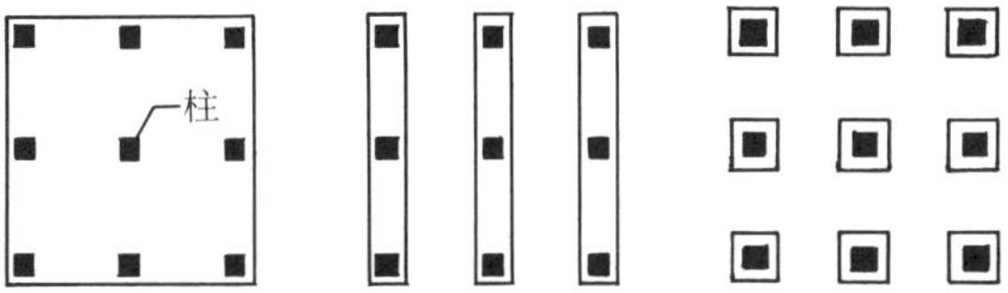

(1) べた基礎　(2) 布基礎　(3) 独立基礎

図 3.25 基礎形状

に示すように，3 種類の形式がある．

(a) べた基礎（総基礎）　建物下全面に設ける基礎

(b) 布基礎（連続基礎）　柱列や壁下に直線状に設ける基礎

(c) 独立基礎　柱下に独立して設ける基礎

(3) 杭工法の分類

杭は支持力を得る方法により，支持杭と摩擦杭に分けられる．また，材料により場所打ちコンクリート杭，鋼杭，既製コンクリート杭（高強度 PC 杭）などに分けられ，設置工法により場所打ち工法，打込み工法，埋込み工法などに分けられる．

(a)	支持杭・場所打ちコンクリート杭	現場で杭を築造する工法
	・既製コンクリート杭	打込みまたは埋込み工法
	・鋼杭	打込みまたは埋込み工法
(b)	摩擦杭・既製コンクリート杭または鋼杭	打込みまたは埋込み工法

3.8.2 杭の施工方法

杭により建物重量を支持させるためには，杭を地中に埋設し，先端を支持地盤に到達させる必要がある．そのために，いくつかの工法が採用されている．

(1) 既製杭の工法

(a) 打ち込み杭（driven pile）

文字通り重量ハンマーを落下させることにより杭頭を打撃し，杭を先端地盤まで打ち込む工法である．古くは人力により施工された歴史的工法であるが，打ち込み時の騒音や振動により，最近では市街地での施工は困難となった．最終的な支持力が，一打あたりの貫入量により施工管理できるという利点がある．

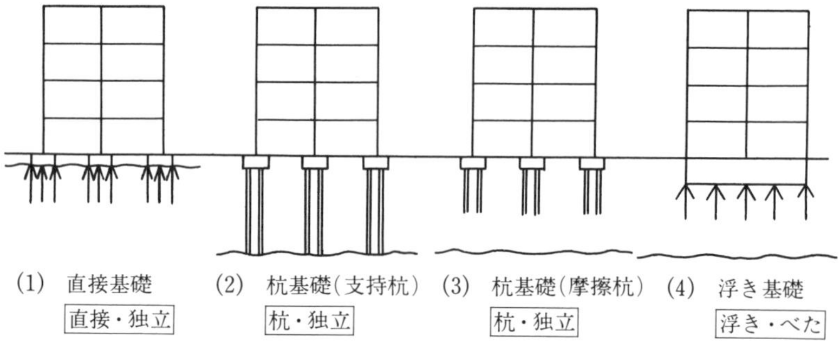

図 3.26　各種の基礎形式

(b)　埋め込み杭(bored pile)

騒音や振動を大幅に低減する工法として，既製杭を打撃しないで地中に設置する工法が開発された．

(b1)　プレボーリング工法　　この工法は，杭を立て込む前に水やセメントを注入しながら掘削を行い，地盤を泥土化しておき，そこに既製杭を挿入して所定深度に到達させる工法である．杭先端部には，セメントミルクを支持地盤とともに撹拌して根固め球根を造成する(**図 3.27** 参照)．

(b2)　中堀り工法　　この工法は，既製杭の中空部にロッドで回転するオー

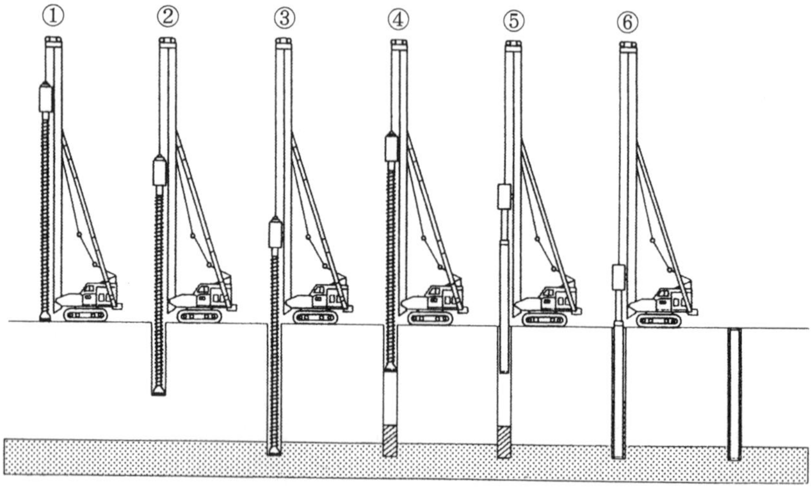

図 3.27　プレボーリング工法の施工方法[9)]

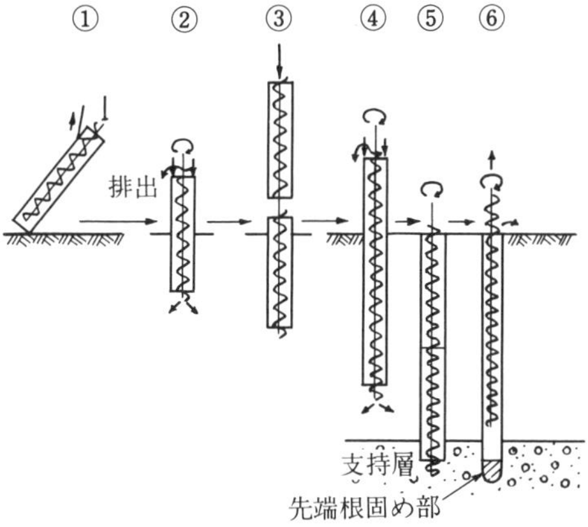

図 3.28 中掘り工法の施工方法[9)]

ガーを入れておき，杭を鉛直に保持したままロッドで杭先端を掘削する工法である．掘削土は，杭の中空部分を通じて排出し，杭を沈設する．杭先端部には，プレボーリング工法と同様に根固め球根を造成することも可能である（**図 3.28** 参照）．

（2） 場所打ちコンクリート杭の工法

(a) オールケーシング工法

地盤に鋼管ケーシングを挿入しながら，ハンマグラブと呼ばれるバケットを落下させて掘削する工法である．掘削が終了したら，鉄筋挿入後コンクリートをトレミー管を用いて打ち込みながら，鋼管ケーシングを引き抜く．孔壁がケーシングで保護されており，最も信頼できる場所打ち杭工法である．直径の大きい玉石などがある地盤の場合は，この工法による（**図 3.29** 参照）．

(b) アースドリル工法

ドリリングバケットを回転させながら地盤を掘削し，バケット内の土を地上に排出する工法である．泥水（ベントナイトなどを添加した安定液）により孔壁を保護して，ケーシングは上部にしか用いない．この工法は，一台のアースドリル機ですべての作業を行えるので，作業性もよく経済的である．

(c) リバース工法

先端に掘削ビットを取付けたロッドを回転して掘削を行い，掘削土を水（安

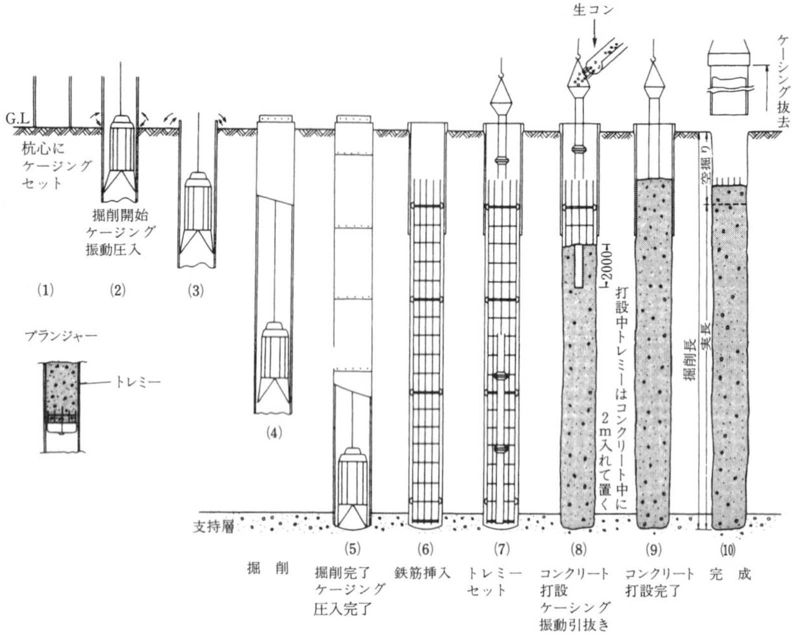

図 3.29　オールケーシング工法の施工方法[8)]

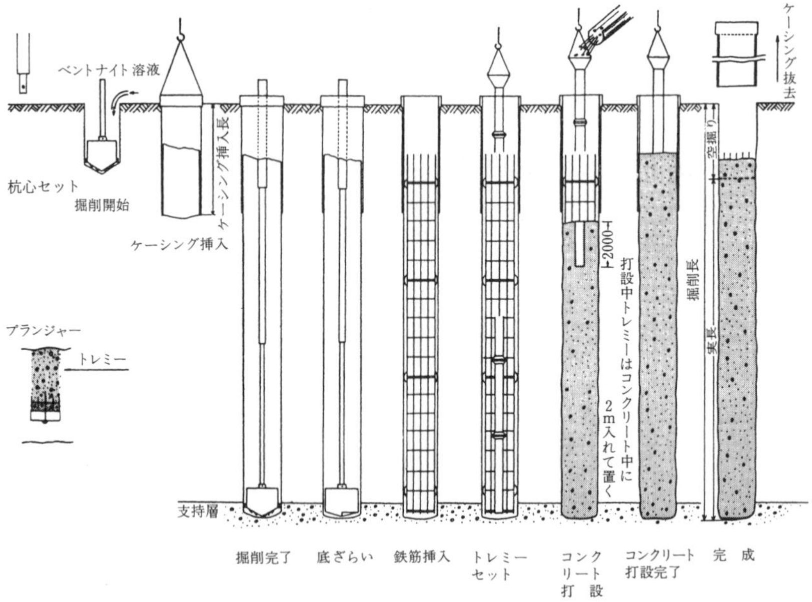

図 3.30　アースドリル工法の施工方法[8)]

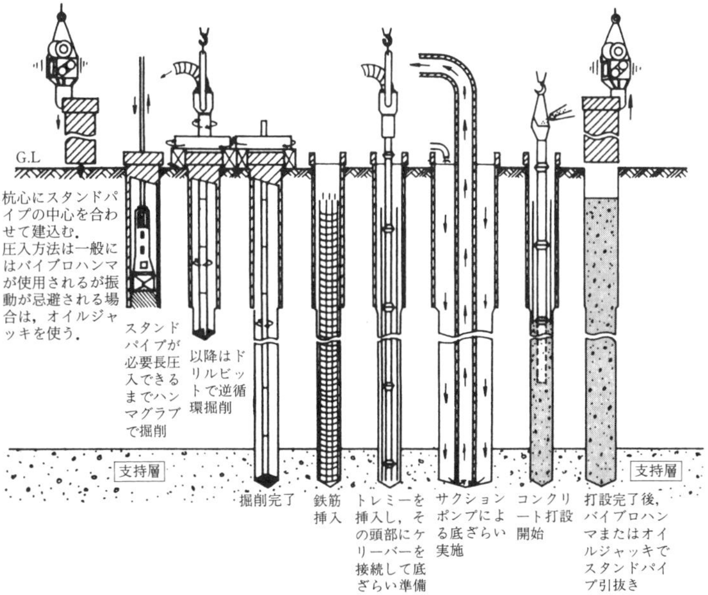

図 3.31　リバース工法の施工方法[8)]

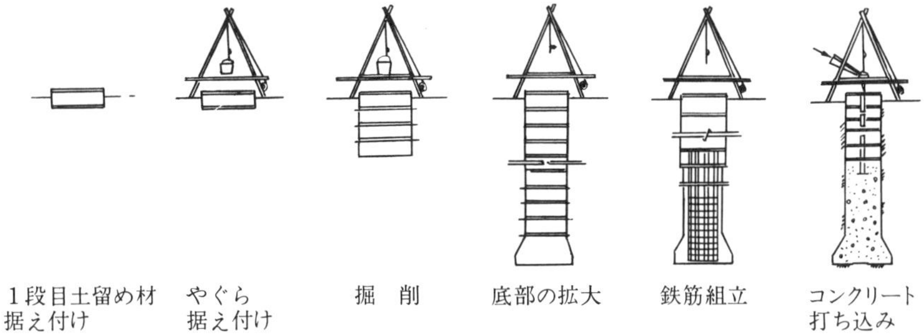

図 3.32　深礎工法の施工方法[8)]

定液）の循環により排出する工法である．連続的に掘削が行える工法であり，対象地盤が軟弱なときには有効である．また，大きな直径の杭の造成にも適している（**図 3.31** 参照）．

（d）　深礎工法

いわゆる井戸掘りの工法であり，最も古い工法である．鋼製波板とリング枠により土留めをしながら，人力または機械により掘削していく工法である．杭の中は空洞であり，先端支持地盤も目視確認できるので信頼度は高いが，湧水が多いと作業できない．必要があれば，先端地盤の載荷試験も行うことができる（**図 3.32** 参照）．

練習問題 3

1．鉄骨構造の特徴について述べよ．

2．知っている形鋼の種類をあげよ．

3．鉄筋コンクリート構造の特徴について述べよ．

4．コンクリートのヤング係数E　日本建築学会の計算規準では，コンクリートのヤング率は

$$E = 3.35 \times 10^4 \times \left(\frac{\gamma}{24}\right)^2 \times \left(\frac{Fc}{60}\right)^{\frac{1}{3}}$$

としている．$\gamma = 23$，$Fc = 27\,\mathrm{N/mm^2}$ の場合の E を求めよ．

5．建物重量を支持する基礎の形状について述べよ．

6．鉄骨構造に関して，下記の内容が正しいかどうかを述べよ．

a）柱および梁に用いる鋼材の降伏比（降伏点/引張り強さ）が小さいほど，塑性化領域は拡大し，部材の塑性変形能力は大きくなる．

b）鋼材の溶接材料には，一般に，降伏点（または 0.2％耐力）および引張り強さが，それぞれ接合する母材の値以上となるものを用いる．

c）高力ボルト摩擦接合部の許容せん断力は，すべり係数を 0.45 として定められている．

d）圧縮材の許容圧縮応力度は，その材の有効細長比が大きくなるほど，大きくなる．

e）部材断面を構成する板要素の幅厚比を大きくすると，局部座屈が生じにくくなる．

f）鋼材のヤング率は一定値であるから，同じ部材断面を用いて，SM490 材を用いても SS400 材より弾性変形を少なくすることは出来ない．

g）鋼材はシャルピー衝撃値が大きくなると，脆性破壊を起こしやすくなる．

h）屋上工作物や屋外階段の鋼材には，メンテナンスを考慮して，溶融亜鉛めっきを施すことがある．

7. 鉄筋コンクリート構造に関して，下記の内容が正しいかどうかを述べよ．

a） コンクリートのスランプを大きくすることは，一般に，耐久性の向上につながる．

b） コンクリートの中性化は，空気中の炭酸ガスなどの作用により，硬化したコンクリートのアルカリ性が失われていくことにより生じる．

c） コンクリートの単位水量が多くなると，乾燥収縮によるひび割れが発生したり，耐久性が低下したりする．

d） コンクリートのヤング係数は，強度が同じならば，軽量コンクリートよりも普通コンクリートの方が小さい．

e） 柱の帯筋は，せん断補強のほかに，帯筋で囲んだコンクリートの拘束と主筋の座屈防止に有効である．

f） 変形能力のある建物とするため，部材が曲げ降伏する前にせん断破壊するように設計した．

g） 変形能力のある建物とするため，柱・梁接合部に脆性的な破壊が生じないことを確認した．

h） 鉄筋コンクリート柱のじん性は，圧縮軸力が増大するほど増大する．

i） 地震時に水平力を受ける柱の曲げひび割れは，一般に，柱頭および柱脚に発生しやすい．

j） 床スラブの自重と積載荷重によるたわみは，乾燥収縮，ひび割れ，クリープなどにより増大する．

8. プレストレストコンクリート構造に関して，下記の内容が正しいかどうかを述べよ．

a） プレストレストコンクリート構造は，一般に，鉄筋コンクリート構造に比較して，大きなスパンが可能である．

b） プレストレストコンクリート構造におけるポストテンション方式とは，コンクリートの硬化後に，PC 鋼材に引張り力を導入することにより，コンクリートに圧縮力を与え，その鋼材をコンクリートに定着させてプレストレスを与える方式である．

c） プレストレストコンクリート構造におけるプレテンション方式とは，コンクリートを反力としてあらかじめ PC 鋼材に緊張力を与えておく方式である．

d） プレストレストコンクリート構造に用いられる緊張材は，通常の鉄筋に対して2～5倍の引張り強度を有し，応力～歪曲線も明瞭な降伏点を示さないという機械的な性質がある．

e）プレストレストコンクリート構造に使用されるコンクリート断面は大きいので，通常，高強度コンクリートは使用していない．

参考文献

1）計良光一郎『日本建築鉄骨構造技術の発展』鋼構造出版 (1998)
2）日本建築学会『構造用教材』(1995)
3）日本建築学会『鋼構造設計規準 SI 単位版』(2002)
4）日本建築学会『鉄筋コンクリート構造計算規準・同解説』(1999)
5）日本建築センター『建築物の構造関係技術基準解説』(2001)
6）日本建築センター『大断面木造建築物設計施工マニュアル』(1994)
7）H. シュトラウプ著：藤本一郎訳『建設技術史』鹿島出版会 (1976)
8）桑原文夫『地盤工学〈建築学入門シリーズ〉』森北出版 (2002)
9）コンクリートパイル建設技術協会『既製コンクリート杭』(2002)

第4章

構造形式

建築構造物は，その力学的な性状により各種の構造形式に分類される．建築構造物の鉛直面を構成する骨組は，柱，梁，壁，ブレースからなっており，2次元的な平面架構と3次元的な立体架構に分類される．また，水平面を構成するものは，梁，屋根材，床材からなっており，人が居住する部分である床構造と屋根構造である．

大阪 OBP 東京海上ビル

4.1 平面骨組構造

平面骨組構造としては，ローマ時代からアーチ構造が登場しているが，次にヨーロッパにトラス構造が小屋組構造として発達した．最後に，近代的な構造材料を用いた剛接骨組であるラーメン構造が発展してきた．

4.1.1 トラス構造

トラス構造(truss structure)は，三角形による力の釣合いをそのまま構造形態として表現したものである．構成部材には，引張または圧縮の軸方向力のみが作用すると考えており，軸方向力(N)のみが存在し，曲げモーメントとせん断力(M，Q)は存在しない．

ブレース構造は，ラーメン構造の中にブレース材(斜材，筋かい材)を挿入したものであるが，一種のトラス構造とも解釈できる．

図 4.1 および**図 4.3**(B)に示した小屋組トラスは，山形屋根を構成するトラス構造であり，歴史的にれんが造建物の壁上に設けられ，屋根自重を支える構造として発展してきたが，わが国での最近の使用例はあまり多くない．キングポストトラスはプラットトラスと同様の形式であり，クイーンポストトラスは中央部に長方形空間を確保したものであり，フィンクトラスは中央下弦に引張り材(タイロッド)を有するもの，ワーレントラスは平行弦と同様の形式である．

図 4.3(A)に示した平行弦トラスは，上下の水平材(弦材)が平行なトラスである．プラットトラスは，鉛直荷重に対して斜材の応力がすべて引張り力となるものであり，ハウトラスは鉛直荷重に対して斜材の応力がすべて圧縮力となるものであり，ワーレントラスは鉛直荷重に対して斜材の応力が引張り・圧縮交互に出現するものである．これらは，使用部材形状と耐力性状に応じて選択される．ダブルワーレントラスは現在ではあまり用いられないが，アメリカに

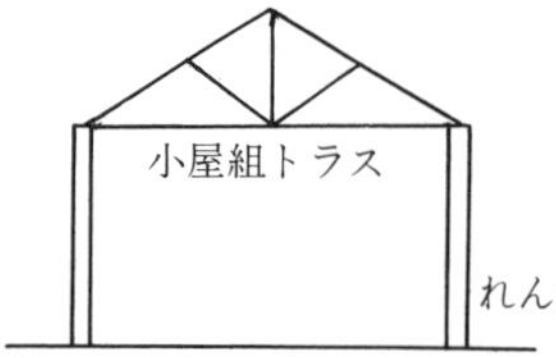

図 4.1　小屋組トラス

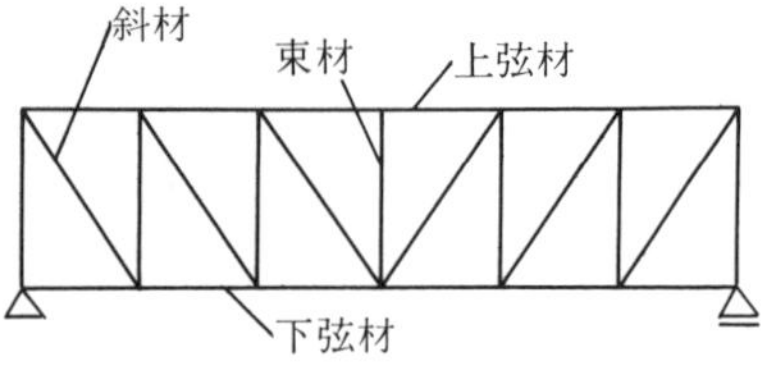

図 4.2　トラス各部の名称

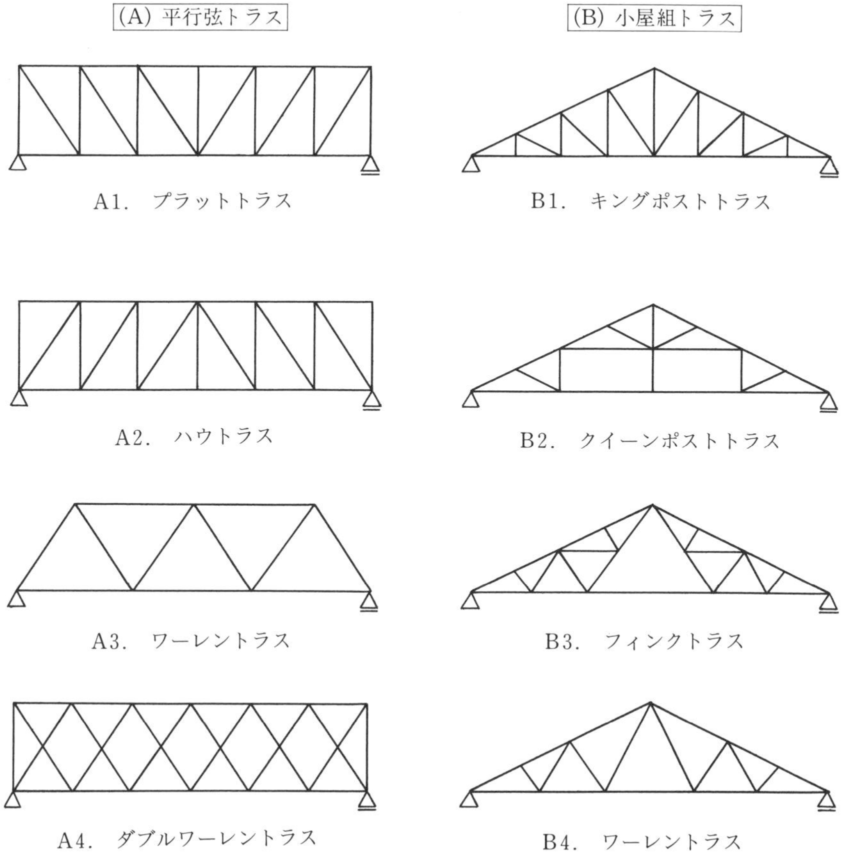

図 4.3 各種のトラス形式

おける初期の鉄道橋木造トラスに用いられた.

4.1.2 ラーメン構造

ラーメン構造(rigid frame structure；(独) Rahmen)は，剛接した柱，梁より構成される最も基本的な骨組みであり，曲げモーメント，せん断力，軸方向力(M，N，Q)の3成分応力を負担する.

ラーメン構造架構の特性は，主として柱・梁部材の曲げ剛性と曲げ耐力より決められる．また，柱と梁の取合い部には仕口部分が有り，これを柱梁接合部または柱梁接合部パネルと呼び，柱と梁を剛につなぐために重要な役割を果た

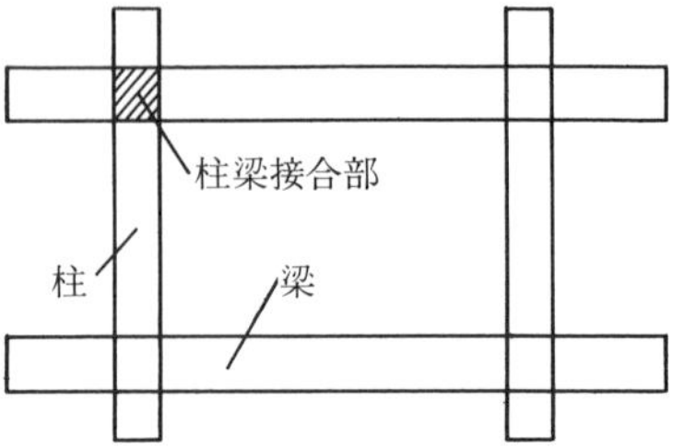

図 4.4　ラーメン構造

している．

ラーメン構造は，最も一般的に用いられる構造形式であるが，通常はほかの耐震要素と一緒に用いられ，耐震壁付ラーメン構造やブレース付ラーメン構造などと呼ばれる．ラーメン構造が単独で用いられる場合は，これらと区別して「純ラーメン構造」と称される．

（1）　ベアリングウォール構造

ベアリングウォール構造 (bearing wall structure) は，数多くの柱が林立したラーメン構造で，全体として壁とも考えられるようなラーメン架構である．比較的断面の大きい柱，梁より構成される場合が多いが，その場合は接合部パネルの影響を無視できないことが多いので注意する．この構造は，スパンの短いラーメン架構と考えればよく，柱軸方向力の影響を受けやすいことを考慮する必要がある．ベアリングウォール構造の例としては，東京海上ビル (1971)，新宿住友ビル (1974)，新宿 NS ビル (1982)，新潟県庁舎 (1985) などがあげられる (**表 4.1** の 1)．

（2）　連層耐震壁構造

上下層に連なった (連層の) 耐震壁要素を持つ架構で，耐震壁要素としては鉄筋コンクリート耐震壁，プレキャストコンクリート壁，ブレース，鋼板壁などが用いられる．架構の特性は，両側柱による壁体としての曲げ剛性，取りつく梁 (境界梁) による曲げ戻し剛性，耐震壁要素のせん断剛性およびそれらに対応する耐力により定められる．

連層耐震壁は大型の柱とも考えられ，境界梁に比較して耐力が大きいことから，梁降伏を確保しやすいという利点がある．これにより，地震時に特定の層のみの変形が大きくなり崩壊するという特定層破壊を免れることができる．この構造形式も多くの建物で採用されているが，例としては神戸商工貿易センタービル(1969)，朝日東海ビル(1971)，日本アイ・ビー・エム本社ビル(1971)などがある(**表 4.1** の 2)．

(3) 主架構・従架構方式(major & sub structure)

何スパンか毎あるいは何層かごとに，通常より大きな断面の柱・梁を設けて主架構とし，その間に従架構を配するものである．この例としては，米国のバンク・オブ・アメリカビル，超高層ビルではないが広島の基町住宅や白鬚防災拠点住棟などがある(**表 4.1** の 3)．

(4) スーパーフレーム構造(super frame, mega-structure)

大型の柱，梁より構成され，大きな水平力を分担する架構をスパーフレームと呼ぶ．大架構形式とも呼ばれる．通常，大型柱は(両側の柱＋耐震壁・ブレース・鋼板壁)，大型梁は(上下層の梁＋耐震壁・ブレース)からなっている．

スーパーフレームは，大型柱と大型梁を主要架構とした構造形式である．大型柱を持つ場合の例としては，既述の連層耐震壁架構があるが，梁は通常各層に分散配置され均等に力を受持っている．スーパーフレームの例は，NEC 本社ビル(1990)，東京都庁第一本庁舎(1990)などがあげられる(**表 4.1** の 4)．

スーパーフレームの構造的特徴としては，以下の項目があげられる．

(a) 立体的には，大型柱と大型梁により構成される．

(b) 大型柱と大型梁の配置により，**表 4.1** の 4 に見られる架構を形成する．閉じた大型ラーメン架構の例としては，表に示した口の字や日の字架構があり，ほかには 4 段に水平梁を設けた目の字架構がある．この呼称は，あまりにも即物的で風情のあるものではないが，架構形態を適切に表しているのでよく使用される言葉である．

(c) 大型柱は，1 スパン分の成を持つ部材であり，(普通の柱 2 本＋そのスパン内のウェブ)より構成される．大型梁は，1 層分の成を持つ部材であり，(普通の梁 2 本＋その面内のウェブ)より構成される．ウェブは，鉄筋コンクリート壁，鋼板壁，ブレースなどであり，両側の柱・梁を一体化して大型部材を構成する．

表4.1　平面構造の構造形式の例

構造形式	平面構造の構造形式の例	
1．純ラーメン構造	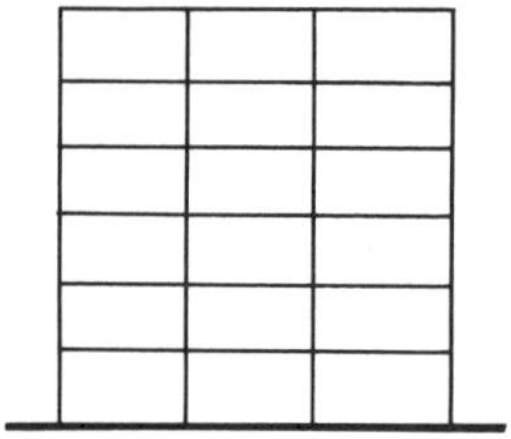 純ラーメン構造	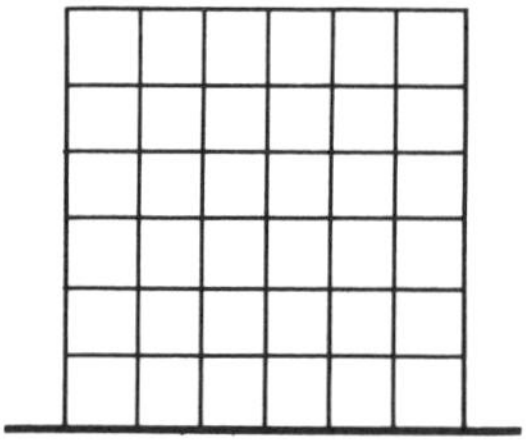 ベアリングウォール構造
2．連層耐震壁構造	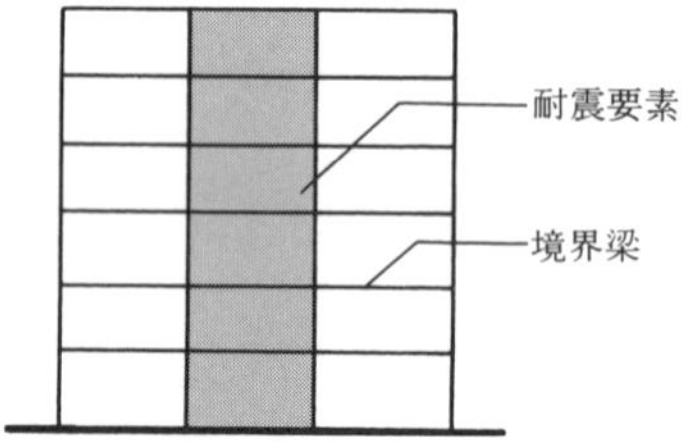 連層耐震壁架構	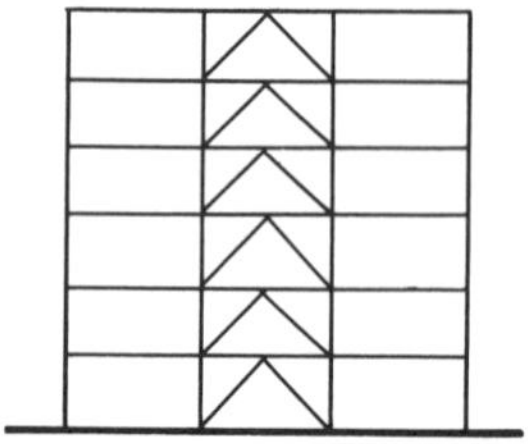 連層ブレース架構
3．主架構/従架構構造	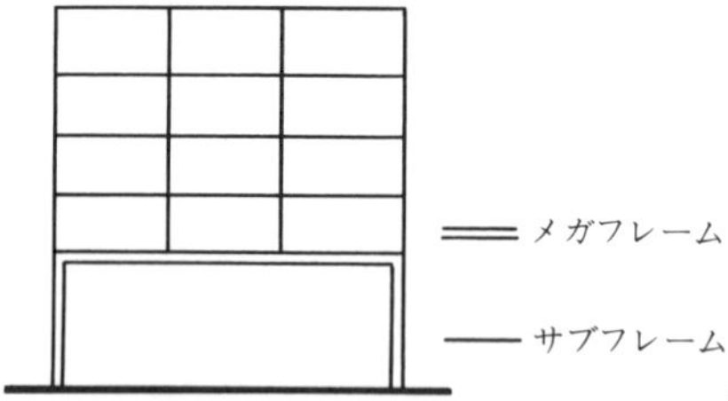 陸立ち架構	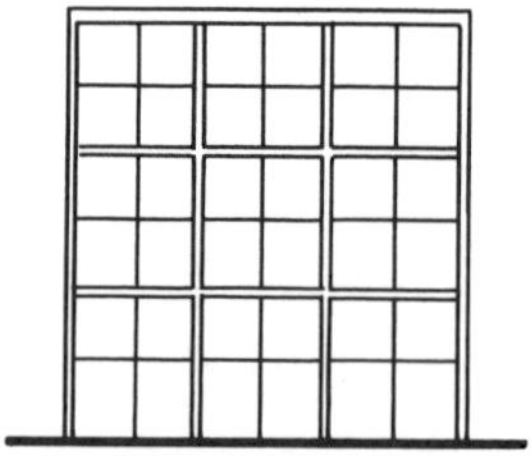 メガ/サブフレーム
4．大架構構造（スーパーフレーム）	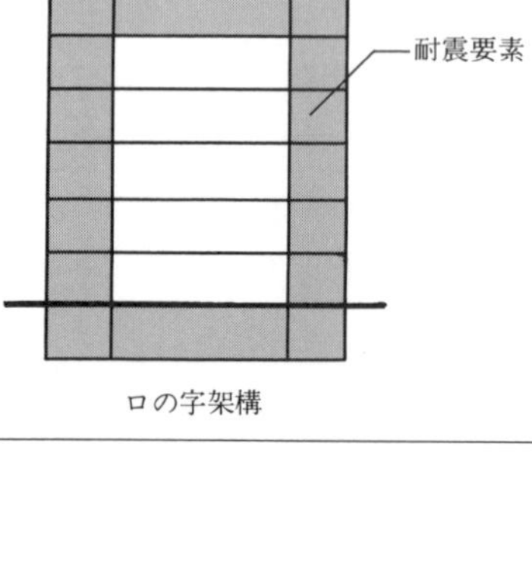 ロの字架構	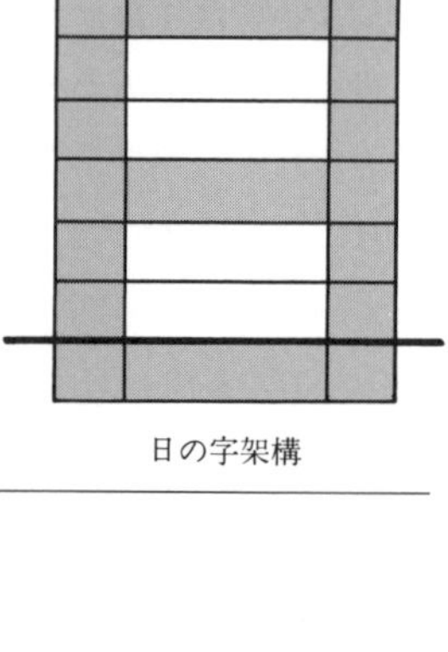 日の字架構

(d) 大型部材は，建物に作用する鉛直荷重(自重)および水平荷重(地震力)の大部分を受持つよう計画される．わが国では，地震荷重が大きいため水平荷重のみに対してスーパーフレームで計画することも多い．

(e) 大型部材には必然的に力を集中させることとなり，使用される構造部材断面も大きくなりがちである．このため，集中した力の流れの詳細な検討を行うとともに，使用材料，接合部などの納り，鉄骨部材の建方などの施工性を慎重に検討することが必要である．また，大きな鉛直荷重がスーパーフレーム基礎に集中するので，基礎の計画は慎重に行う必要がある．

4.1.3 その他の平面骨組

(1) フィーレンデール構造

フィーレンデール構造は剛接トラス構造であり，斜材を省略して弦材と束材にラーメン構造の応力を持たせたトラスである．通常は，3種類の応力(N，M，Q)を負担させるが，斜材がない分だけ効率が悪くなり，応力や変形が大きくなりがちである．

(2) アーチ構造

アーチ構造は，ローマンアーチと呼ばれるように，ローマ時代に発達した構造形式である．組石造で使われるように，圧縮力のみで鉛直荷重を地盤まで伝えることが可能である．しかしながら，水平反力(スラスト)が存在しない場合にはアーチ構造が成立しなくなり崩壊する可能性があることに留意する．

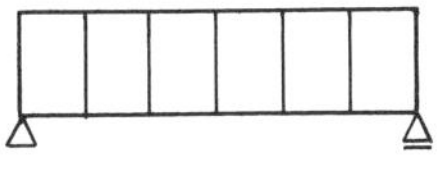

図 4.5 フィーレンデール構造

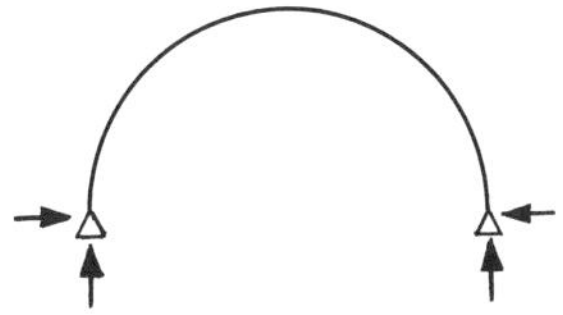

図 4.6 アーチ構造

4.2 立体骨組構造

連続的に面を構成するような構造を立体構造と呼ぶ．平面や曲面材を用いるものが折板構造，シェル構造，ケーブル構造，空気膜構造であり，線材を使用し立体的に組み立てたものがスペースフレームである．

4.2.1 折板構造

折板構造（folded plate structure）は，平面材を立体的に組み立てて得られる折り紙のような構造である．部材が立体的に配置される効果により，力学的合理性と空間性が得られる場合がある．一般的には鉄筋コンクリート構造の薄い版を使用することが多い．

折板構造は，その断面形状を保持できるかどうかが重要であり，支持部分の境界条件に留意する必要がある．

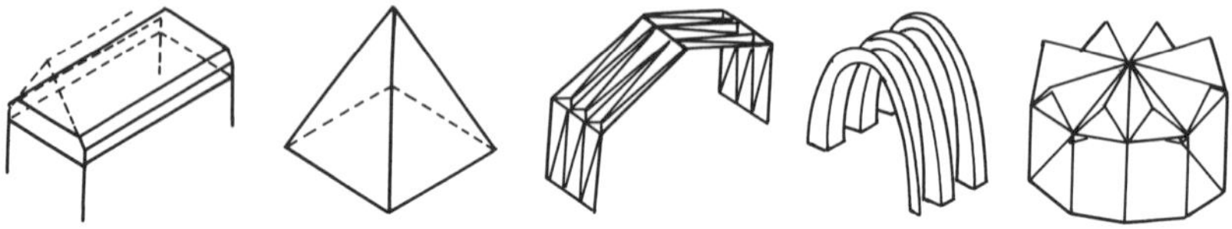

図 4.7　折板構造

4.2.2 シェル構造

シェル構造（曲面構造：shell structure）は，曲面により屋根構造を形成するものである．折板構造と同様に，部材が立体的に配置される効果により，力学的合理性と空間性が得られる．鉄筋コンクリート構造によることが多いが，鉄骨構造の立体トラスによりシェル形状を形成することも多く行われている．

数学的に定義される曲面形状により，ドームシェル（球殻），円筒シェル，

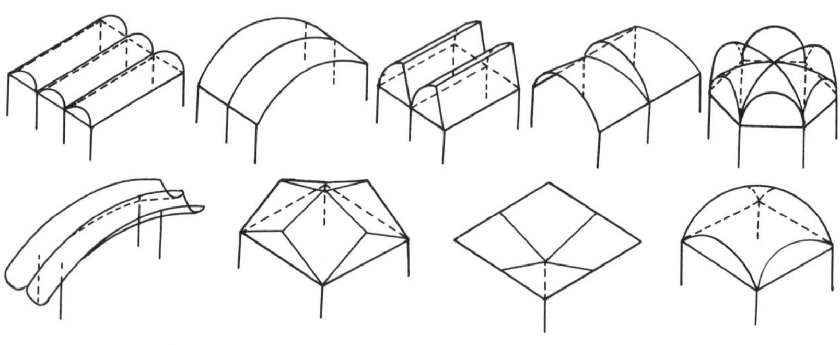

図 4.8　シェル構造

HP シェルなどに分類され，それらが採用されることが多い．しかし，任意の形状でも解析技術を駆使して安全性が確かめられ，十分な空間性を有していれば使用されている．

4.2.3　ケーブル構造

ケーブル材を使用して屋根構造を形成するものが，ケーブル構造(吊り構造：tension structure，cable structure)である．ケーブル材は引張には強いが，圧縮力には抵抗できないので，すべての荷重状態においてケーブルには引張力のみが作用しているように，構造形状を定める必要がある．場合により，ケーブルに予張力(プレストレス)を与えて，構造形状を安定させるとともに圧縮力が生じないようにすることも行われる．

ケーブルにより支えられる屋根仕上げ材には，金属，プレキャストコンクリート版など各種の材料が用いられる．テント膜を使用するものは，博覧会建物や仮設建築物に用いられテント構造と呼ばれることもある．

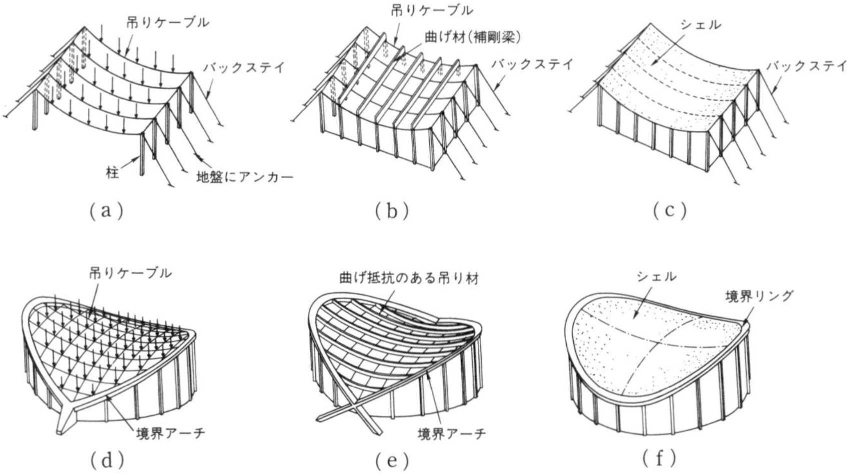

図 4.9　ケーブル構造

4.2.4　空気膜構造

空気の圧力により膜材に引張力を与えておき，荷重が作用しても安定した形状を保つようにしたものが，空気膜構造(air suspended structure)である．

風船やシャボン玉を思い浮かべれば，空気圧により安定した構造物形状が保持できることが理解できよう．

内部の空気圧 P_i を外気圧 P_o に対して ΔP だけ大きくすることにより，ΔP が屋根重量や雪荷重，風荷重を支えることができる（**図4.10(a)**）．

空気膜構造は，使用する建物空間全体の空気圧を制御する一重膜方式と，屋根部分を二重膜にして二重膜内部の空気圧を高める二重膜方式がある．また，使用する膜材としてテフロンコーティングしたガラス繊維膜を使用すると，天空光が透過して明るい室内が可能となる．大規模な一重膜構造の例としては後楽園の東京ドーム（ビッグエッグ）があり，スパン約200mを30mmaq（300 N/m²）の空気圧で支えている．ほかにも，空気膜構造は屋内テニスコートなどに使用されている．

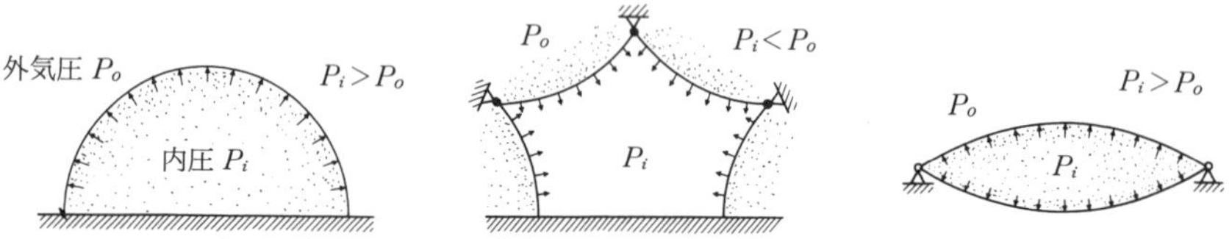

（a）　正圧，一重膜　（b）　負圧，一重膜　（c）　正圧，二重膜

図4.10　空気膜構造

4.2.5　スペースフレーム

2方向や3方向にトラス部材を三角形状に組み上げて，立体的に空間を構成するものがスペースフレーム（立体トラス構造：space frame）である．全体形状は，シェル構造，折板構造，平板構造など任意の形状に対応が可能である．

最近では，あらかじめ工場生産された高精度のトラス部材を現場で組み立てる「システムトラス」が多種類開発されており，簡便に立体トラスを使用できるようになった．構造物形状も任意の形をディジタルデータとして定義して，コンピュータ制御により精度良く部材を製作できるようになった．木質構造の項で紹介した木造立体トラスも，このシステムトラスに近いものである．

また，この種の立体トラスを利用すると，自由な屋根形状を作り上げることが可能になる．意匠スケッチや数学的関数により定められた任意の屋根形状を，コンピュータに入力して構造解析を行うとともに，建築設計図の作成用CADデータとして役立てることも行われるようになっている．

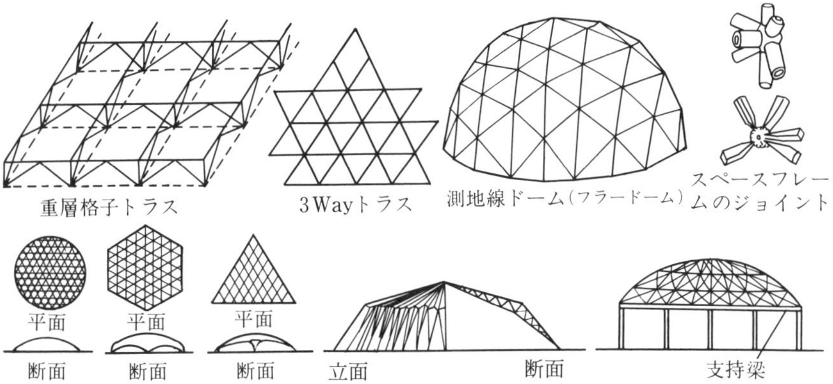

図 4.11 スペースフレーム

4.3 床構造

床構造は，建築物の本来の目的である人の居住を支える最も重要な部位であるが，目立つことが少なく，気持ちよく生活できて当たり前のこととして無視されがちである．また，建築工事費に占める床構造費用の割合は大きく，合理的，経済的に建物を設計する上でも重要な部分である．

通常は，鉄筋コンクリート構造の床を大梁や小梁で支持して構成されるが，プレキャスト部材，鋼製捨て型枠，ハーフ PC 部材(オムニア版)なども使用される．

4.3.1 床構造の形式

(1) 大梁・小梁構造

最も一般的な床構造であり，鉄筋コンクリート構造床スラブを大梁と小梁で支持するものである．鉛直荷重は大梁から柱へ，ついで基礎へと伝達される．

小梁を掛け渡す方向は，建築計画と密接な関係があり，天井高さと梁寸法の関係や設備配管，ダクトと梁せいの関係などを考慮して小梁の方向が決められる．ダクトの方向により一方向の小梁を小さくし直交する方向を大きくすることもある(6.3.6 (3) 項参照)．

(2) 格子梁構造

2 方向に均等に小梁を格子状に配置する床構造である．一般的にはコンクリート量が多くなるが，小梁寸法自体は小さくなり，意匠的に小梁を見せる設

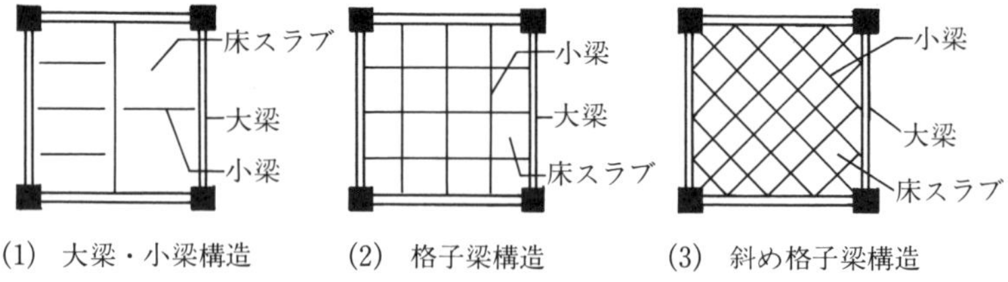

図 4.12　床構造

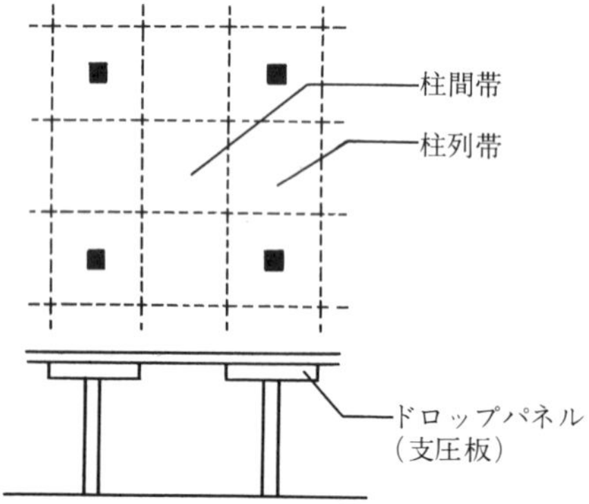

図 4.13　フラットスラブ構造

計の場合には有効である.

（3） 斜め格子梁構造（菱目梁）

基本的特性は格子梁と同じであるが，斜めにすることにより梁1本当たりの応力は減少し，より梁せいを小さくすることが可能となる．ただし，コンクリート使用量は増大しがちである.

（4） フラットスラブ（無梁板構造）

梁のない構造であり，天井ふところを有効に使いたい建物には有効である．長期荷重に対する設計は合理的に行えるが，地震荷重には建物外周に壁などの耐震要素が必要となる.

4.3.2　床スラブの工法

床スラブには，**図 4.14** に示すように各種の工法がある．それらの特徴を比較して，**表 4.2** に示した．床工法は，床スラブとしての性能とともに，施工法

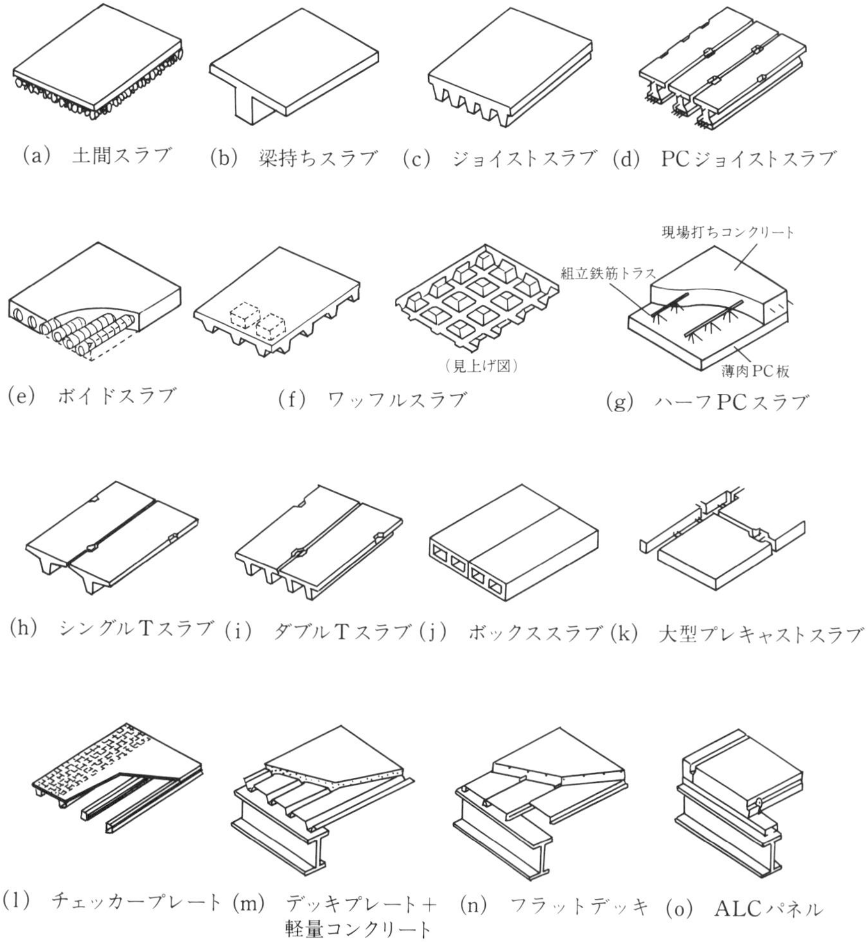

図4.14　床構造の工法

が重視されて発展してきた．1965年頃の三井霞ヶ関ビル以来，超高層建物を中心に，鋼製のデッキプレートを捨て型枠とするデッキプレート床が使用されてきた．また，通常の床スラブを打設できるように，下面が平らなフラットデッキ床が開発され，超高層建物以外のRC構造にも使用されてきた．近年では，型枠や支保工が不要な工法が採用され，ハーフPC板の使用が多くなっている．

表4.2　床スラブの工法

記号	名　称	床構造	型　枠	特　徴	備　考
(a)	土間スラブ	RC	(不要)	地盤により荷重支持	非構造部材
(b)	一般床スラブ	RC	一般型枠	在来工法	
(c)	ジョイストスラブ	RC	一般型枠	梁＋床スラブ	一方向梁
(d)	PC ジョイストスラブ	PC	(不要)	梁＋床スラブ	一方向梁
(e)	ボイドスラブ	RC	一般型枠	中空による軽量化	一方向床
(f)	ワッフルスラブ	RC	特殊型枠	ワッフル型枠使用	格子梁
(g)	ハーフ PC スラブ	PC	(不要)	上部に現場打ちコンクリート	オムニア床板 KT トラス床板
(h)	シングル T スラブ	PC	(不要)	プレキャスト	一方向梁
(i)	ダブル T スラブ	PC	(不要)	プレキャスト	一方向梁
(j)	ボックススラブ	PC	(不要)	プレキャスト	一方向梁
(k)	大型 PC スラブ	PC	(不要)	プレキャスト	版間の接合
(l)	チェッカープレート	S	―	層間区画不成立	軽微な鋼鈑床
(m)	デッキプレート床	RC	(不要)	超高層ビル用に開発	カスミデッキ
(n)	フラットデッキ床	RC	(不要)	S 造，RC 造に使用	
(o)	ALC パネル	ALC	(不要)	水平ブレース必要	軽微な床

注）RC：鉄筋コンクリート
　　PC：主としてプレキャストコンクリートで，プレストレスを導入する場合もある．

練習問題4

1．トラス構造の特徴について述べよ．

2．平行弦トラスの構造形式の例をあげよ．

3．ラーメン構造の例を述べよ．

4．主架構・従架構方式の構造について述べよ．

5．立体骨組構造の例をあげよ．

6．下記の内容が正しいかどうかを述べよ．

a）トラス構造は，一般に，鉄筋コンクリート構造おいて用いられる．

b）トラス構造は，組積造の壁の上に屋根をかける小屋組トラスとして発達したもので，三角形を基本として構成した構造形式である．

c）ラーメン構造は，曲げモーメント，せん断力，軸方向力を受け持つ柱・梁からなり，節点は剛接されている構造形式である．

d）ベアリングウォール構造は，ラーメン構造の一種であるが，柱が細かく建てられており，壁のように軸方向力とせん断力を負担することから名付けられている．

e）空気膜構造は，外気圧に関係なく空気圧を一定に保つことにより，建物重量を空気圧により支持するものである．

f）スペースフレームにおいて，工業化されたシステムトラス工法により，任意形状の屋根などを精度良く施工することが可能になった．

g）シェル構造のような屋根構造を，鉄筋コンクリート構造とすることは難しい．

参考文献

1）大越俊男『床組みの設計と計画』理工図書 (1995)

2）日本建築学会『構造用教材』(1995)

3）彰国社編『デザイナーのための構造チェックリスト』彰国社 (1973)

4）彰国社編『建築構造計画チェックリスト』彰国社 (1998)

5）日本建築構造技術者協会『建築構造のなりたち』彰国社 (1998)

第5章

耐震設計

わが国は地震国であり，第1章でも述べたように歴史的にも多くの地震被害を経験してきた．近代建築においても，1891年（明治28年）の濃尾地震と1921年（大正12年）の関東大地震により大被害を受け，世界に先駆けて耐震設計を始めた．また，その後も地震被害を経験する都度，耐震設計法を改良してきており，その意味でも耐震工学は経験工学といえる．通常の構造設計においては，耐震設計が最重要事項であり，主要構造部材は地震荷重により決定されているといっても過言ではない．

耐震設計としては，当初の「力」に対する設計から，コンピュータによる構造解析を背景とした「力と変形」の設計へと変化し，近年では「エネルギー吸収能力」を評価する考え方が生じている．このような技術背景に基づき，制振構造や免震構造も提案されてきており，耐震設計という概念も大きく変化してきた．

台湾集集地震（1999. 9 .21）時の高層RC共同住宅の被害

5.1 静的設計と動的設計

5.1.1 静的設計

本来地震という現象は地盤が動くことであり，結果として建物が振動し建物内部に応力が発生し，地震被害が発生するものである．しかしながら，すべての建物の地震時挙動を精密に調べるわけにもいかないため，等価な水平方向の荷重を地震荷重と定義して設計に用いている．

静的設計 (static structural design) とは，地震動を受けた時に建物に作用する最大の力を想定し，水平方向に等価な静的荷重を与えて建築構造物を設計するものである．

（1） 震度法

世界に先駆けて，日本で昭和初期より用いられてきた簡便な耐震設計法である．この方法は，建物に作用する加速度値が一定値であると仮定し等価な荷重を求めている．すなわち，

力＝質量 (m)×加速度 (α)

質量 (m)＝重量 $(w)/G$　　G：重力加速度

から，

地震荷重$=m\times\alpha=w\times\alpha/G=w\times k$

震度 $k=\alpha/G$ (自重の何割を水平力とするかの係数)

として，簡便に自重の k 倍の力を水平方向に作用させた．建築基準法に定める震度 k は，1950 年から 1981 年までは $k=0.2$ (建物の 16m 以下の部分に対し) を用いていた．

（2） せん断力係数法

1.5.1 項で述べたように，建物内部では上階へ行くほど地震時の加速度値は大きくなるので，震度法のように建物内部で一定値をとると仮定することには無理があった．この点を改めて，上階へ行くほど建物重量当たりのせん断力 (せん断力係数) を大きくするようにしたものが，1981 年以来採用されている方法である．詳細は 1.5.3 項および 5.2 節の項による．

5.1.2 動的設計

建物に直接地震動を作用させ，コンピュータによるシュミレーション解析

(振動応答解析：dynamic response analysis) を行うことにより，地震時の建物挙動を直接的に把握して設計するものを動的設計 (dynamic structural design) という．

具体的には，振動方程式を微小時間刻み (例えば 0.01 秒) において直接積分などにより解き，入力した地震動に応じて建物の変形，速度，加速度の各時刻値を算定し，結果として生じる最大層せん断力，最大転倒モーメント (over turning moment)，最大加速度，最大層間変形などを求めている．

超高層建物などに適用され，過去に得られた地震動記録や模擬地震動などを地震入力として，地震時の建物構造体の変形や損傷の程度を入念に検討している．

5.1.3 耐震設計の歴史

わが国においては，1923 年 (大正 12 年) の関東地震前後から世界に先駆けて耐震設計が行われてきた．当初の設計は震度法によるものであり，建物自重に比例した水平方向力を建物に作用させて，弾性設計を行うものである．「力の時代」であり，地震荷重による応力に耐えるように部材を設計することが耐震設計と考えられ，実際の地震時にはもっと大きな力が作用するかもしれないが，建物が持っている余力で対応できると考えていた．

1960 年頃からのコンピュータの発達により，マトリックス法を用いて地震荷重時の骨組み解析が行われ，建物の変形量が計算できるようになった．建物の地震時挙動がより厳密に検討できるようになり，弾性時の変形のみならず構造物が塑性化した後の検討も行われるようになった．「力と変形の時代」であり，超高層建物が多く設計されるようになり，盛んに骨組み解析や振動応答解析が行われるようになった．また，解析値は建物竣工時の振動実験結果や地震観測データと比較され，解析の信頼性も向上した．

1980 年頃から，秋山宏博士によりエネルギー応答の概念が提唱され，力と変形の積であるエネルギーが振動現象を理解し説明するのに有用であることが示された．「エネルギーの時代」の到来である．この概念により，従来の耐震設計に制振構造と免震構造を加えて，全体が体系的に位置付けられ，地震時の建物挙動がエネルギーを用いて説明できるようになった．

日本の建築物は，建築基準法による耐震規定を満足していなければならない．建築基準法の耐震規定の歴史的変遷により，設計され現存している建築物の構造タイプを分類すると以下のようになる．また，各タイプを時系列にして**図 5.1** に示す．

（1）低層-1：高さ 31m 以下 (1963 年以後は 45m 以下) の建物で，震度法により設計されている．主として中小地震に対して設計を行い，大地震時には建物の構造的余力を期待していた．兵庫県南部地震時には，地震被害が多かった (第 1 世代建物).

（2）低層-2：建物高さが 45m 以下の建物で，十勝沖地震の経験に基づく 1971 年の法改訂により RC 構造の柱帯筋間隔が 100mm 以下になり，せん断補強筋が強化された (第 2 世代建物).

（3）低層-3：宮城県沖地震の経験により改訂された新耐震設計法による 60m 以下の建物である．上層部の設計荷重の割り増し，高さが 31m を超えるものおよび平面および高さ方向の剛性分布の悪い建物は強度を割り増すほか，大地震に対しての保有水平耐力の検討も義務づけられた．兵庫県南部地震時には，地震被害が少なかった (第 3 世代建物).

（4）低層-4：国際的な動向である性能設計を取り入れて，2000 年に建築基準法が改訂された．設計法は，① 許容応力度など計算 (従来と同じ方法)，② 限界耐力計算，③ 特殊な計算の 3 種類が認められた．③ は今後の運用により詳細が定まっていく．45m ～ 60m の建物は，設計者の希望により性能評定の審査を受けるとされている．

（5）超高層-1：45m (1981 年からは 60m) を超える建物は，一般的な建築基準法の規定からはずれ，特別に建設大臣の特認を得て安全性を確認している．建物に地震動を作用させ地震応答を調べる動的設計を行い，日本建築センターなどの評定を得る必要がある (超高層建物).

（6）超高層-2：建物高さ 45m を超え 60m 以下の建物は，新耐震設計法上は低層建物として位置付けられるが，超高層-1 と同程度の検討を行うよう行政指導されていた (評価対象建物).

（7）超高層-3：最小の仕様規定と時刻歴応答解析による設計であるが，以前の超高層-1 と本質は変わっていない．

以上が，各時代の建物耐震性の特徴であるが，とくに 1981 年以前の第 1 世代，第 2 世代の建物には耐震性が劣るものが多いといわれている．それらの建物の耐震性を向上させるために，不特定多数の人が使用する建物の耐震改修を義務付ける耐震改修法が，1996 年に施行されている．また，2000 年には新しい性能設計法の導入により建築基準法の改定が行われたが，従来の設計法も使用可能とされている．

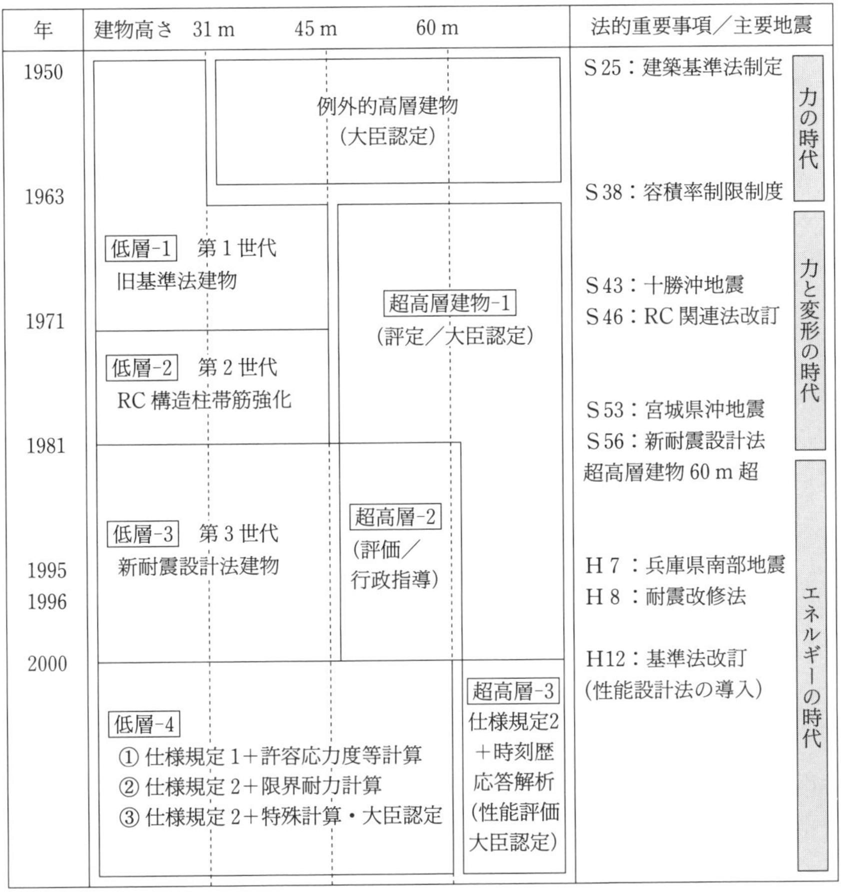

注）
1）① の方法：仕様規定 1 はすべての仕様規定を含み，許容応力度等計算は低層 -3 にほぼ同じ．
2）② の方法：仕様規定 2 は耐久性等に関係する仕様規定のみで，免震建築物などを含む．
3）③ の方法：特殊計算とは限界耐力計算と同等以上の計算で，大臣認定を得るもの．

図 5.1　耐震設計の歴史

5.2 新耐震設計法

「建築基準法・同施行令」による地震荷重については，1.5.3項において述べた．ここでは，新耐震設計法の基本的な考え方と計算ルートを概説する．

5.2.1 基本的考え方

建築物がその耐用期間中に遭遇すると思われる地震には，種々のレベルのものが予想される．この地震のレベルを段階に区分して，おのおのに対応した2段階の設計を行うこととしている．これらは，1次設計，2次設計と呼ばれている．

この2段階の検討は，耐震設計法としてはかなり面倒なものであり，特に2次設計には多大な計算手間を要する．このため，各種の構造規定が用意されており場合によっては2次設計を簡略化できるようにしている．

（1）　1次設計は，中小地震(地表動80～100 Gal程度の地震)を対象として，それに対して建築物は健全な状態にあり人命，財産，機能を確保することを目的としている．このために，地震により生ずると思われる水平力(地震力)を規定して，この力により建物構造体がどこも破壊することがないことを確認する．

（2）　2次設計は，大地震(地表動300～400 Gal程度の地震)を対象として，それに対して建築物が崩壊することなく，人命の安全を確保することを目的としている．このために，建物構造体が耐えうる最大の強度(保有水平耐力)を計算するとともに，構造体の持っている“じん性”を評価し，強度とじん性の両者により建築物の耐震性を確認することとしている．

(注)　1 Gal＝1 cm/sec^2＝G/980，G：重力加速度

5.2.2 各種の計算ルート

前述したように，すべての建物に耐震性を検討するための多大な検討を加えることは，必ずしも合理的ではない．このため，耐震設計を行う場合に3種類の手法(ルート)が用意されている．

ルート[1]は，軽微な建物を対象として，木造建物，高さ13m以下階数3階以下などの鉄骨造建物，高さ20m以下の鉄筋コンクリート造または鉄骨鉄筋コンクリート造建物に対して適用されるものである．

この種の建物は，各種の構造規定を満足すれば，大地震時における性能が保証されていると考えられるものである．このため1次設計のみを行い，2次設計を免除されている．たとえば鉄筋コンクリート造建物の場合は，柱や壁の断面積が十分にあればよいとしている．

ルート[2]は高さ31m以下の建物で，平面的バランス，立体的バランスの良い建物に対して適用される．いくつかの構造規定を満足すれば，2次設計における保有水平耐力の検討が免除される．平面的バランスとは，建物各階での平面的な重心と剛心とのズレを意味し，このズレ(偏心)が大きいと建物に捩れを生じ，地震被害が大きくなると考えられている．立体的バランスとは，高さ方向での建物の剛性分布の均一さを意味し，地震荷重が作用した時の変形量が不均一なものは，とくに変形の大きい層に被害が集中する．

すなわち，平面的，立体的バランスの良い建物とは，大略対称的な平面を持ち高さ方向にも均一な建物である．このような建物は，1次設計のみで設計されても，多少の構造規定により大地震時にも多大な被害を生じないと考えられている．

ルート[3]は，高さ60m以下の建物に適用されるもので，ルート[1]やルート[2]を満足しない場合には，すべてこのルートを採用することになる．1次設計および2次設計を行ない中小地震と大地震の両者に対する検討が義務付けられている．

なお，高さ60mを超える建物はいわゆる超高層建物となり，日本建築センターの高層審査委員会などでの性能評価を経て国土交通大臣の特認を得て，その耐震性を確認する．通常，地震外乱を直接建物モデルに作用させて数値解析や検討を行う動的解析が必要となる．

5.3 免震・制振構造

建築物が地震に対抗する手法として，古くから耐震構造の設計が行われてきたが，一方では，建築物の振動応答を制御して応答量を低減しようという試みがなされてきた．

この種の構造は，制振構造と呼ばれている．制振構造は，「一定の装置または機構を設けることにより，建築物，その部分または収容物に作用しようとする振動外乱に対し，建築物などの応答を抑制または制御しようとする構造である」と定義されている．

この定義にあるように制振構造では，対象とする外乱は地震動に限らず，風，交通，機械振動などの振動全般を対象としている．この意味で，地震動を対象としている免震構造は，広義には制振構造に含まれるものと考えられるが，詳細な議論を行うために別構造として分類した．

表5.1　振動外乱を受ける構造物の分類

	(大分類)	(中分類)	(小分類)	(具体例)
振動外乱を受ける構造物	耐震構造 (一般構造)		強度抵抗型	弾性設計法
			履歴減衰利用型	弾塑性設計法
	免震構造		機械的絶縁法	ボールベアリング支承 ロッキングボール支承 テフロン支承
			柔性基部構造	soft first story 構造 ２重柱構造 積層ゴムアイソレータ
	制振構造	エネルギー吸収機構	履歴減衰機構	鋼棒ダンパー 鋼製ハニカムダンパー 鉛ダンパー
			摩擦減衰機構	摩擦ダンパー
			粘性減衰機構	オイルダンパー 粘性ダンパー 粘弾性ダンパー
		制振部材		アンボンドブレース 低降伏点鋼耐震壁 低降伏点鋼間柱
		質量効果機構		慣性ポンプダンパー てこと振子の作用を応用した免震装置 チューンドマスダンパー チューンドリキッドダンパー
		自動制御機構		アクティブマスダンパー ハイブリッドマスダンパー 自動制御絶縁法

振動外乱を受ける構造物の設計法を，一般構造(耐震構造)，免震構造，制振構造として位置付け，分類したものが**表 5.1** である．分類の基本的考え方は，構造物に入力する振動エネルギーの処理方法によった．また，実際に構造物に採用される場合は 2 種類以上の制振装置を併用する場合が多いが(たとえば，積層ゴム＋鋼棒ダンパー，チューンドマスダンパー＋粘性ダンパーなど)，この分類では機能的に区分できるものは別にしてある．

さらに，従来の分類に加えて，制振部材を付け加えた．装置や機構ではなく構造部材が制振用途に用いられはじめ，たとえば，低降伏点鋼を使用した耐震壁や間柱などを持つ構造物が制振構造と称されていることによる．

5.3.1 一般構造

一般構造は，制振構造ではない従来の一般的な構造である．わが国においては，一般的な構造は耐震設計が行われているので，耐震構造と呼ばれるものがこれに該当するともいえる．さらに，耐震構造は，強度抵抗型(弾性設計法)と履歴減衰利用型(弾塑性設計法)に分類される．日本の地震荷重は大きなものを考えているため，大地震時には構造物の損傷を許容し，後者による設計が通常行われている．

5.3.2 免震構造

免震構造(seismic isolation structure または base isolation structure)は，主として地震動を対象としたものである．地面と構造物の間に何らかの工夫をして縁を切ろうとする構法であり，地震入力エネルギーが構造物に入力しないようにする構造方式である(**図 5.2** 参照)．

柔らかい水平方向のバネで構造物を支持する，あるいは構造物を滑らせる方法が採用されている．柔らかいバネの効果は，構造物を長周期化し地震入力を低減するとともに，地震入力エネルギーを構造物全体が移動するエネルギー(運動エネルギー＋弾性歪エネルギー)に変換している．最終的には，入力したエネルギーは設置したダンパーにより吸収させる．

機械的絶縁法は，機械的な機構(滑りや転がり)を利用して上部構造を動かすものである．この機構は，テフロンによるすべり支承以外では，大きい鉛直荷重を対象にすることは難しい．

柔性基部構造(soft first story)は，第 1 層の水平剛性を小さくして水平方

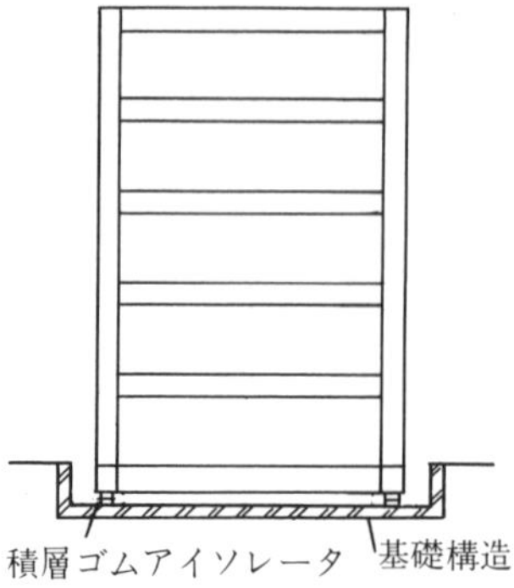

図 5.2　免震構造（積層ゴムアイソレータ使用）

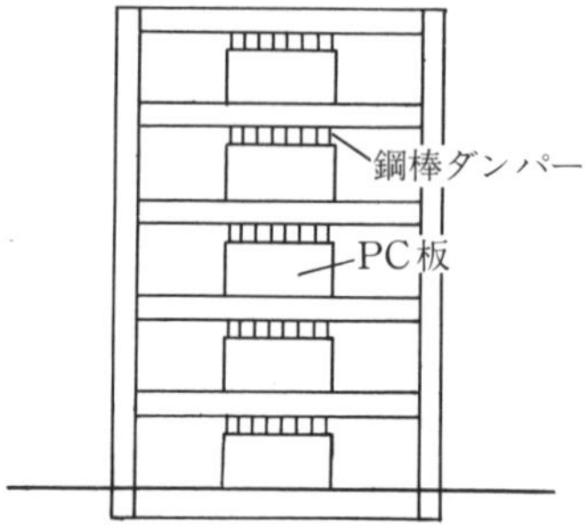

図 5.3　履歴減衰機構

向に自由に動けるようにしたものである．積層ゴムアイソレータを用いたものが，最も多く使用されている．積層ゴムアイソレータは，鉛直支持能力が大きく，水平剛性が小さく，水平変形能力に優れているという特性を有しており，免震構造に最も適した部材である．

5.3.3　制振構造

制振構造（structural control structure または response comtrol structure）は，エネルギー吸収機構，制振部材，質量効果機構，自動制御機構の 4 種に大別される．以下にその概要を示す．

（1）　エネルギー吸収機構

エネルギー吸収機構（energy absorption mechanism）はいわゆる減衰機構であり，振動時の入力エネルギーを吸収し熱に変換することにより構造物の振動応答を減少させる．この機構は，構造物に生ずる変形差（層間変形など）を利用して，ダンパーに変形や速度を与え，力を生じさせ仕事をさせようというものである．

エネルギー吸収機構は単独で使用することもできるし，ほかの各種制振構造と組み合せて使用することも行われている．単独使用の場合には，低層～高層建物やレトロフィットまで幅広く使用され，使用実績は超高層建物に多い．

履歴減衰機構は，鋼材や鉛などの金属材料を降伏させることにより，塑性履歴エネルギーを利用するものである（**図 5.3** 参照）．

摩擦減衰機構は，クーロン摩擦による力を利用してエネルギーを吸収するも

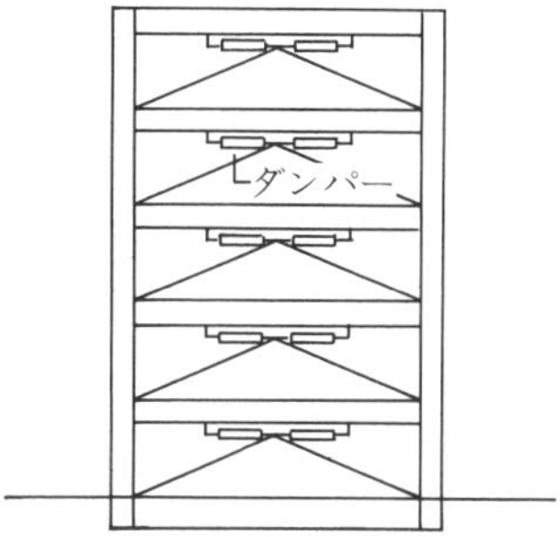

図 5.4 粘性減衰機構

写真 5.1 エニックス本社ビルの高減衰ゴムダンパー

のである．理論的には優れた特性があるが，安定した摩擦力を得ることは簡単ではない．

粘性減衰機構は，いわゆるダンパー機構であり，速度により発生する減衰力をエネルギー吸収に利用するものである（**図 5.4** 参照）．

（2） 制振部材

制振部材（structural control member）は，履歴減衰機構の一種であるが，地震時に受け持つ水平力が大きく，構造部材とも考えられるものを別分類とした．**図 5.6** に示すように，低降伏点鋼鋼板壁，間柱およびアンボンドブレースは，耐震構造の主要構造体としても使用されてきたが，エネルギー吸収能力に多くを期待しているという意味で制振部材と呼ばれているものである．

厳密には，主体構造が SN 490 で鋼板壁や間柱に SS 400 を使用した耐震構造と，主体構造が SN 400 で鋼板壁などに低降伏点鋼を使用した制振構造と呼ぶものとに，どのような差異があるかは難しいところである．設計者が制振構造と称しており，一応これらも地震時に積極的にエネルギー吸収を行おうとしていることから，制振部材として位置づけた．

（3） 質量効果機構

振動時に構造物に入る入力エネルギーを，内部に付加した振動系の共振現象を利用して運動エネルギーに変換すると，構造物自体が受持つエネルギーが減少し，構造物の応答量は減少する．運動エネルギーに変換するためには，付加質量が運動することが必要であることから，質量効果機構（mass effect mechanism）と呼ぶ．

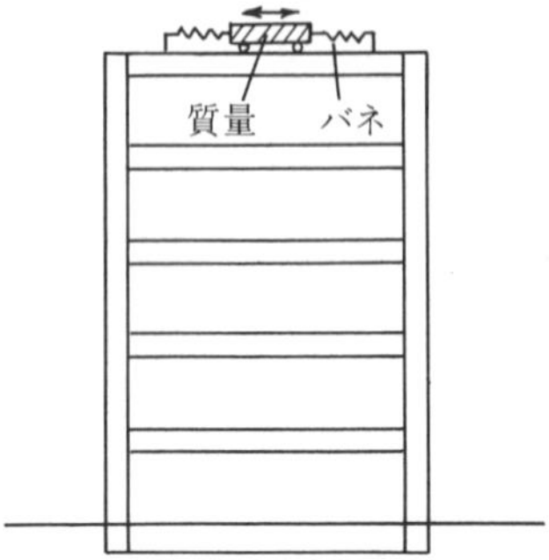

図5.5　質量効果機構（TMD）

写真5.2　外観

写真5.3　TMD

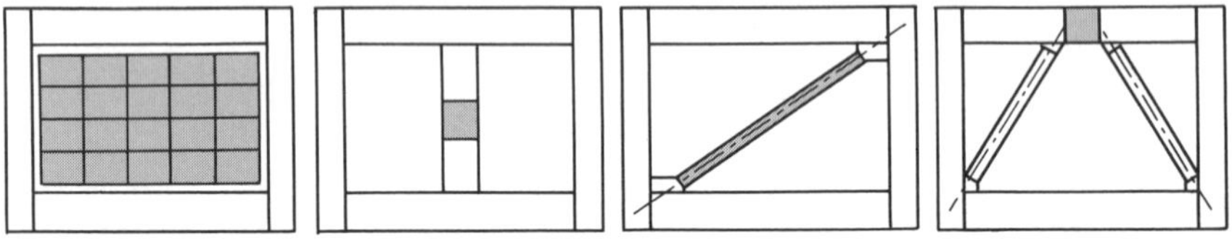

(1)　低降伏点鋼板壁　(2)　低降伏点鋼間柱　(3)　アンボンドブレース　(4)　K型偏心ブレース

図5.6　制振部材

TMD（tuned mass damper）は，建物頂部に質量とバネを置き，その周期を建物と同調させたものである（**図5.5**）．

質量効果機構の能力は，いかに多くの入力エネルギーを運動エネルギーに変換できるかに拠っているため，建物質量に対する付加質量の比率が大きいほど減衰効果が大きくなり，付加質量の振動振幅が大きいほど，大きな入力まで効果を発揮することができる．

付加質量が振動することによる運動エネルギーは，一時的にエネルギーを蓄えるのみであり，熱エネルギーなどに変換して消費するために，エネルギー吸収機構であるダンパーが取り付けられている．付加質量の運動エネルギーが構造物へ逆流することを抑制し，構造物に大きな入力が加わったときに付加質量の振動振幅を制御して許容振幅内に納めることがダンパーの役割になる．

（4）　自動制御機構

自動制御機構（active control mechanism）の基本的な考え方は，センサーにより地震動および構造物のゆれを計測し，応答量が最小となるように種々のメカニズムを制御しようというものである．この機構は，免震構造やほかの制振構造が構造物応答に応じて反応する受動的なタイプ（passive type）であるのに対し，油圧（油圧アクチュエータ）や電力（AC サーボモーター）など外部の力（エネルギー）を利用して，積極的に構造物の応答を制御しようとする能動的（active）な機構である．

自動制御機構として，最も一般的なものはアクティブマスダンパー（AMD：active mass damper または active mass driver）と呼ばれるもので，構造物への入力エネルギーをより早く，より多く運動エネルギーに変換できるように，付加質量の運動を油圧アクチュエータなどで制御するものである．AMD の制振効果は，構造物の質量に対する付加質量の比率が大きいほど，また大きな振動振幅で付加質量を制御できるほど効果が大きくなる．

また，TMD に油圧アクチュエータなどの駆動装置を付加して制御し，より効率的にエネルギー吸収を行うものがハイブリッドマスダンパー（HMD：hybrid mass damper）であり，制御機構を有することから自動制御機構として分類した．

その他に自動制御機構としては，地震動の持っている周波数特性を利用して，建物のせん断剛性を制御することで応答を減らそうとする可変剛性機構，アイソレータで地面と絶縁した構造物を空中に設けた仮想の不動点との相対変位が小さくなるように，油圧アクチュエータを用いて地面と建物の相対変形を制御する自動制御絶縁法などがある．

5.3.4 各種構造の機能分担とエネルギー配分

耐震設計において構造物に要求される機能としては，鉛直力支持機能，水平力抵抗機能，エネルギー吸収機能があげられる．機能を分担する要素としては，柱，梁，壁といった構造架構を構成する要素に加えて，積層ゴムアイソレータ，ダンパーからなる免震部材，各種の制振機構，制振部材がある．

耐震構造，免震構造，制振構造の特徴を明らかにするために，この機能と分担要素を分析したものが**表 5.2** である．すべてを構造部材である架構による耐震構造，主な機構を免震層にある免震部材に期待する免震構造，架構と制振機構・制振部材を併用している制振構造に，それぞれの特徴があることがわかる．

表5.2　各種構造における主たる機能分担

	耐震構造	免震構造	制振構造
1　鉛直力支持機能	架構／柱，梁	架構／柱，梁(上部構造) 積層ゴム(免震層)	架構／柱，梁
2　水平力抵抗機能	架構／柱，梁，壁	架構／柱，梁，壁(上部構造) 積層ゴム(免震層)	架構／柱，梁，壁 制振部材(各階，集中)
3　エネルギー吸収機能	架構／柱，梁，壁	ダンパー(免震層)	架構／柱，梁，壁 制振機構(各階，集中) 制振部材(各階，集中)

耐震構造では，すべての機能が構造要素である柱，梁，壁により分担されている．壁(耐震壁)については，通常の壁は鉛直支持能力には期待せず，水平力を負担しエネルギー吸収を行うことを期待しているので，そのように表示した．また，壁には耐震壁およびブレースを含むものとした．

免震構造では，積層ゴムアイソレータが鉛直力を支持していること，上部構造の柱，梁，壁がエネルギー吸収に関与しない(構造的損傷を受けない)ようにしている．

制振構造では，制振機構・制振部材は鉛直力支持には関与していないことが，特徴の一つとなっている．さらに，ダンパーを主体としたエネルギー吸収機構は，水平力を負担することは少なく，主としてエネルギー吸収のみに期待するものである．制振部材は，水平力のかなりを負担し抵抗するとともにエネルギー吸収を行うということで，構造部材的なものとなりエネルギー吸収機構とは区別される．

5.4　既存建物の耐震性と耐震診断・耐震改修

5.4.1　兵庫県南部地震の教訓

兵庫県南部地震時の建物被害は，1981年以前の建物に多かった．「阪神・淡路大震災被害調査報告」によると，1971年の建築基準法施行令改正以前を第1世代，1972年～1981年を第2世代，新耐震設計法施行以後の1982年以降を第3世代として，大破以上の被害率は全建物では第1世代12.3％，第2世代9.1％，第3世代2.4％であり，低層建物(3～5層)については第2世代では第1世代の48％に低下し，第3世代では14％に低下している[12)]．

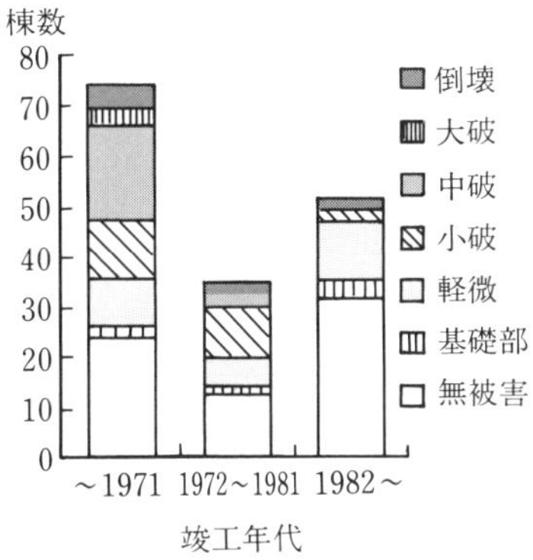

図 5.7 竣工年代別被害[11)]

また，26 学校の RC 造校舎 157 棟を調査結果も報告されている[11)]．**図 5.7** に竣工年代別被害を示すが，倒壊・大破の被害を受けた建物の約 90 % は第 1 世代の建物であり，中破以上の被害においても約 80 % 以上を占めた．第 2 世代では，1975 年頃を境に被災建物数が激減し，第 3 世代の建物ではせん断破壊したものはなく，14 棟の軽微，2 棟の中破のみであった．

このように，地震被害は古い建設年度の第 1 世代に多く，地震被害と建設年の関係が深いことが判明している．このような古い耐震性の不足した建物は，いわば社会にとっての「負の遺産」であり，これらを耐震改修し真の社会資産とすることが求められている．

このことを踏まえて，1995年に耐震改修法が施行され，不特定多数の人が出入りする建築物については耐震改修を行い，現行法と同程度の耐震性を有するようにすることが求められている．

5.4.2 耐震診断の手法

（1） 耐震診断基準

耐震診断は，通常は日本建築防災協会の「既存鉄筋コンクリート造建築物の耐震診断基準・同解説」および同様な鉄骨鉄筋コンクリート構造・鉄骨構造の基準に準拠して行われている．診断には，1 次・2 次・3 次診断があるが，低層建物では 2 次診断が用いられることが多い．診断計算には，計算ソフト（市販あるいは自社開発の診断プログラム）が用いられるが，それぞれのソフトには「特有のくせ」があるので，その限界をよくわきまえて適切な利用を行うようにする．

3次診断では，柱，梁，壁の全構造要素のメカニズム状態を評価し精密な計算が行われるが，精密な耐力評価とバランスのとれたじん性評価（F値評価）を行うことが難しい．特に，壁の回転性能評価は浮上りを生じるかどうかによりF値が大きく異なるが，浮上り耐力値自体の計算精度はそれほど高いものではない．これらを適切に評価できる能力を有する構造設計者により3次診断が行われれば問題がないが，安易に計算プログラムを利用するだけの設計者では不適切な使用となることもある．2次診断，3次診断共に一長一短のある手法であることを考え，両者を適切に使い分けることが大切である．

また，建物の設計図がなく部分的な現況調査により耐震診断が行われることがある．コンクリート断面のみの資料による1次診断が，この場合には一番有効な評価法となる．通常の現況調査により十分な診断資料を得ることは不可能であるので，2次診断以上の診断結果の判断に際しては，この要因を考慮して適切に割り引いた評価を行う必要がある．

（2）耐震判定指標 Iso

耐震診断の目標値としては，耐震判定指標 Iso が用いられ，通常 0.6 以上の値としている．補強時には補強評価の不確定性を考慮して 0.7 以上とする場合もある．

いずれにしても，現実に行われている評価手法からして，この数値は1桁程度の有効桁を有する程度の数値である．目標値を 10％ 程度上げようという精神からは，0.65 は 0.6×1.1 をほぼ満足することになる．あまり，細かい数値にこだわることなく，全体を適切にバランスよく評価していこうとする姿勢が大切である．

（3）動的解析による検討

免震構造や制振構造による補強が行われた場合には，動的解析により耐震性の評価が行われる．免震構造の場合には，1次固有周期は通常3秒以上の長周期となり，超高層建物と同様の手法で振動応答解析を行い，地震時挙動が検討される．

低層建物に制振構造を適用する場合にも，同様に振動応答解析により地震時挙動を検討することになる．しかし，このような短周期建物の地震時挙動についての実験や実測のデータも少なく，構造物の剛性評価も難しい．振動応答解析結果の評価に際しては，これらを考慮して慎重に検討を加える必要がある．

5.4.3　既存建物の耐震性

参考文献にも示したように，既存建物の耐震診断結果を調査した研究が数多く公表されている．ここでは，東京都の既存ＲＣ造校舎について，２次診断建物 640 棟の耐震診断結果[13]を紹介する．

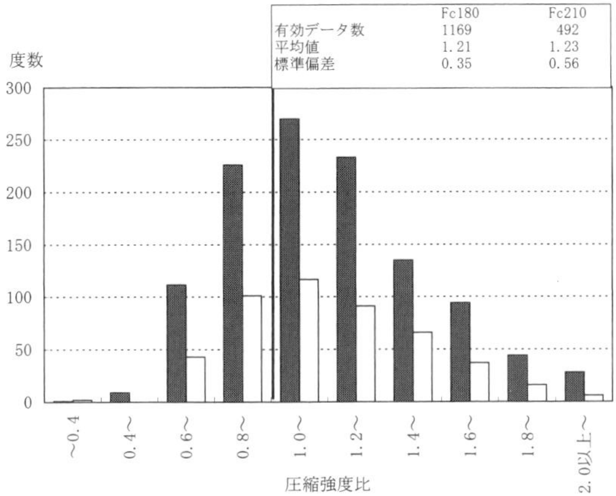

図 5.8　圧縮強度比

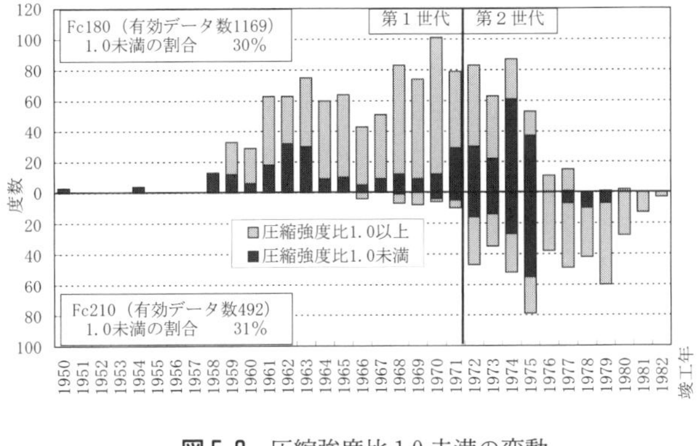

図 5.9　圧縮強度比 1.0 未満の変動

（1）　コンクリート強度

既存建物のコンクリート圧縮強度を設計基準強度で除した値を圧縮強度比と定義する．圧縮強度比は，施工されたコンクリート圧縮強度の設計基準強度に対する余裕度を表している．圧縮強度比の平均値はFc180•Fc210でそれぞれ1.21•1.23となり，東北地方における値1.28や関東地方A県下における値1.27•1.34などの他地域の報告と比較するとやや低い値となる．

圧縮強度比1.0未満のものは，Fc180で全体の30％，Fc210で31％であった．1960年代前期に，圧縮強度比1.0未満のものがFc180で多く見られる．設計基準強度がFc180からFc210に変化する1970年代前期に，1.0未満のものがFc180•Fc210ともに多く見られる．これらの時期以外では，比較的良好な傾向を示すが，圧縮強度比1.0未満のデータはほぼすべての年において見受けられる．このように，実建物のコンクリート強度は意外に低強度であることがわかる．このことを，十分に理解して建物の耐震性を評価する必要がある．

（2）　耐震性指標Is値

各建物の最小Is値は，多くの場合1階および2階であり，1階の場合が66％を占めている．最小Is値の度数分布はX方向（長辺方向）では0.4付近に集中しており，大半の建物が最小Iso値である0.6を下回っている．これに

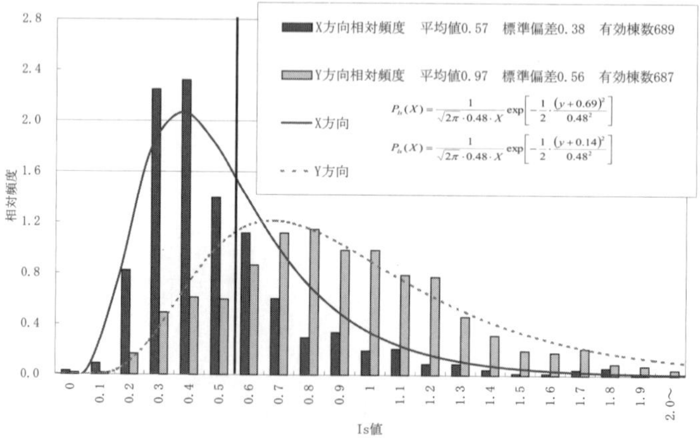

図5.10　方向別最小Is値

対し，Y 方向（短辺方向）では全体的に X 方向よりも大きい値にピークを持ち，比較的広範囲に値が分散している．

X 方向の Is 値が小さいことは学校校舎の特徴で，一般的に校舎の X 方向は，Y 方向に比べて教室の採光などの目的により開口部が多く壁量が少ないため，Is 値が小さくなる傾向にある．

東京都と他地域の X 方向 Is 値分布を，対数正規分布を用いて比較する．東

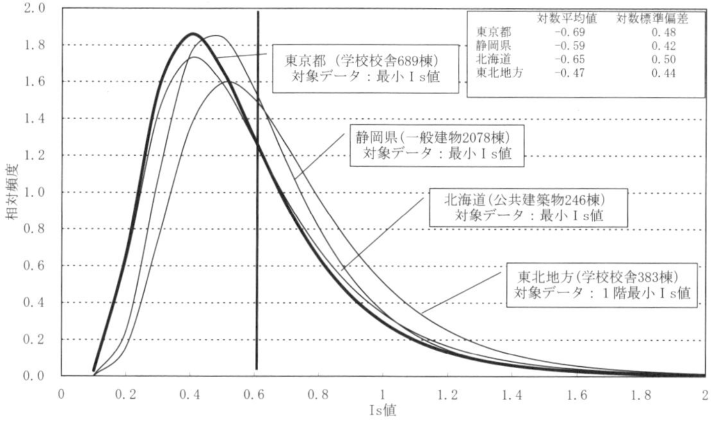

図 5.11 他地域との比較

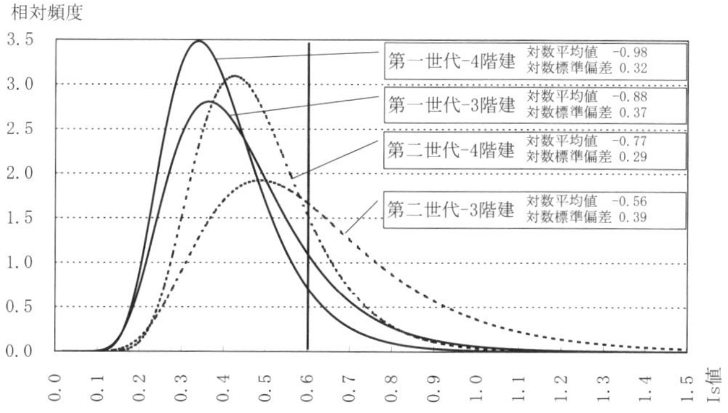

図 5.12 建物階数と竣工年による

京都のIs値分布は，他地域よりも若干小さな値で分布しているが，これは4階建て校舎が多いためと思われる．また分布の形状に大きな差異はみられず，どの地域もおおむねIs値0.4近辺にピークを持つ分布である(**図5.11**).

耐震性能が建物階数および竣工年により変化すると思われるので，これらをパラメータとして，対象建物を四つの建物タイプに分類して検討を行った．Is値の最も小さい「第1世代-4階建て(平均値0.39)」と，最も大きい「第2世代-3階建て(平均値0.62)」の差が明確に現れていることがわかる．また，各タイプのIs値近似曲線を見ても，建物タイプによる差異が顕著に表れており，学校校舎の耐震性能は，建物階数および竣工年代で差が生じている(**図5.12**).

5.4.4　耐震改修の計画

（1）　耐震改修目標

耐震改修を行う際には，建築主と十分に打合わせを行い，改修後に建物が保有する性能の目標を明確にしておく必要がある．

特に，耐震改修を行った建物に対しての社会的評価としては，当然建築的被害は無いに違いないと思われがちである．構造設計者は人命保護のみを考え，第2種構造要素でなければ被害は許容されるとしても，建築主は「あんなにブレースが入っていて丈夫そうだから，無被害は当然」と考えている可能性がある．建築的被害と構造的被害，地震後の建物に期待する要素(建物の使われかた)などを建築主や建物使用者と十分議論しておく必要がある．

そのためには，対象とする地震前後の時間的状態に対して，建物が保有すべき性能を設定する必要がある．両者を組み合せて性能評価マトリックスとし，記入例を示したものが**表5.3**である．

(建物性能の例)

①人命の保護　　建物居住者の人命安全を確保する．

表5.3　耐震性能マトリックスの例

	a 地震中	b 地震直後	c 地震○○週間後
①人命の保護	◎	◎	◎
②建物使用可	○	○	◎
③建物機能保持	×	△	○

② 建物使用可　　建物は部分的には損傷するが，建物自体の限定的使用は可能である．

③ 建物機能保持　　建物の機能を保持して使用目的を達成できる．（損傷は非常に少ない）

（時間的状態の例）

（a）　地震中　　　　地震の最中の性能を対象とする．

（b）　地震直後　　　地震直後からの性能を対象とする．

（c）　地震○○週間後　　地震後の一定期間をおいてからの性能を対象とする．（補修期間有り）

（2）　施工条件

改修計画においては，工事中に建物を使用するかどうかの施工条件が大変重要な問題である．この条件により，改修手法や工事費・工期が大きく左右される．

工事期間中の建物使用条件を分類すると以下のようになる．

① 一般工事（工事中に建物不使用）

② 部分使用工事（工事中に建物部分的不使用）

③ 夜間・休日工事（工事中に夜間・休日のみ建物不使用）

④ 夜間工事（工事中に夜間のみ建物不使用）

⑤ 居ながら工事（工事中建物使用）

これらのうちで，⑤のいわゆる「居ながら施工」が理想的であるが，工事騒音・振動や資材搬入路の確保など問題も多く実現は難しい．しかし，参考文献[7]に紹介されているように，耐震改修を容易に低工事費で行うためには魅力的なアプローチである．

耐震改修の工事費は，躯体の工事費よりは仕上げ材のやり換え費用により決まることが多い．多少躯体工事費を増加させても，仕上げ材をいじらない施工方法が低工事費を可能にする．

（3）　非構造部材

耐震診断や耐震補強は構造担当者により行われ，建築非構造部材や建築設備に対する検討が見落とされがちである．建築主が必要としているのは，建物の耐震性であり構造体の耐震性のみではないことを，忘れてはならない．

建築非構造部材については，日本建築学会の「非構造部材の耐震設計指針・同解説および耐震設計・施工要領」があり，参考文献[4]でも詳細な資料が示されている．

建築設備については，日本建築センターの「建築設備耐震設計・施工指針」，電気設備学会・日本電設工業協会の「建築電気設備の耐震設計・施工マニュアル」および空気調和・衛生工学会の「建築設備の耐震設計施工法」が刊行されている．

これらを参考として，構造体以外の部分についても適切な耐震対策を実施することが望まれる．特に，学校体育館のラスモルタル外壁などのような変形追従性の少ない材料は問題がある．また，屋上設置設備機器は移動・転倒する可能性が強いので，適切な固定支持が行われているかを確認する必要がある．

5.4.5　耐震改修の方法

（1）　各種の改修手法

耐震改修には各種の手法が存在する．対象建物の要求性能や構造特性に応じて，これらのうちから適切な手法を選択することが，耐震改修計画の要点である．建築保全センターの「官庁施設の総合耐震診断・改修基準および同解説」において，各種の耐震構法が**表5.4**のように分類整理されているので，以下に紹介する．

A　耐力，じん性能の向上

(A1)　保有水平耐力の向上　　部材レベルでは，部材の新設および断面の増大による耐力の向上の方法がある．具体的な構法は，各節による．

建築物レベルでは，耐力を負担するフレームやバットレスを既存建築物の外部に設ける方法がある．フレームによる方法としては，構造的に一体とする建築物を耐力フレームとして増築する方法や，水平耐力のみを負担するフレームを既存建築物に沿わせて設ける方法などが考えられる．

(A2)　じん性能の改善（構造特性係数の改善）　　崩壊メカニズムを，せん断破壊形から曲げ降伏先行形に変えるなどにより，じん性の改善を図る．保有水平耐力を向上させる構法との組合せにより効果が上がる場合もある．具体的な構法は，各節による．

(A3)　偏心率，剛性率などの改善（形状係数の改善）　　耐震要素の新設および除去，変形性能の増加および低減などにより，平面的，立面的にバランスのとれた建築物とする．また，室の用途の調整などにより，荷重の適正分布を図る．

(A4)　劣化状況の改善(劣化係数の改善)　　建築物全体を検討して，改修による品質の向上を図る．係数の改善に当たっては，品質向上の度合いを考慮し，慎重に決定する．少なくとも，係数の変更はなくても，コンクリートのひび割れの補修や鉄骨の防錆処理をして，劣化の進行を遅らせる必要がある．

B　地震応答の低減

(B1)　重量(Wi)の低減　　重量の低減は，改修に伴う基礎への負担増を軽減することにもつながる．

① 固定荷重の撤去，軽量化としては，部材レベルでは，バルコニー，庇などの撤去，壁および床などの仕上材の軽量化，屋上の非歩行化による防水押えコンクリートの撤去などの方法がある．建築物レベルでは，上部階およびペントハウスの撤去が考えられ，また，鉄筋コンクリート造の場合には，鉄骨造で再構築する方法もある．

② 積載荷重の低減としては，部屋の用途変更を行う方法が考えられる．

(B2)　地震応答の低減　　積層ゴムとエネルギー吸収機構による免震部材を建築物の下部または中間階に組込む方法や，ダンパーなどのエネルギー吸収機構をフレーム内に組込む方法などが考えられる．

C　要求水準の低減

(C1)　重要度係数の低減　　施設の用途変更または近隣での代替機能の確保などにより，重要度係数を低減する方法である．

（2）　耐力の向上

鉄筋コンクリート構造における耐力向上の手法としては，鉄筋コンクリート壁の新設，増打ち，開口閉塞，鉄骨ブレースの新設，鋼板壁の新設などが考えられる．

いずれの工法を採用するにしても，改修部分に期待する耐力が床などを通じて十分に伝達できることや，高さ方向の強度分布・偏心への影響を考慮する必要がある．

(2-a)　鉄筋コンクリート壁の新設　　鉄筋コンクリート壁を新設する工法は，

表 5.4　構造体の耐震改修構法

耐震改修の構法原理		構　法	構法例 鉄筋コンクリート造 鉄骨鉄筋コンクリート造	構法例 鉄　骨　造
A　耐力，じん性の向上	A1　保有水平耐力の向上	イ　耐力壁等による補強	現場打ち鉄筋コンクリート壁の新設	
			既存鉄筋コンクリート壁への増打，開口閉塞，鋼板壁増設	鉄骨筋かいの部材交換，接合部補強
			鉄骨筋かい，鋼板壁，PC 版の新設	
			間柱の新設	
		ロ　柱，梁の耐力の増大	増打，袖壁等による耐力の増大	添え板等による曲げ耐力の増大
		ハ　外部の耐力フレームの新設	耐力フレームの増築，付加	
			バットレスの新設	
	A2　じん性能の改善	イ　部材のせん断補強	柱,梁の鉄筋,鋼材モルタル，繊維等によるせん断耐力の増大	柱，梁の添え板等によるせん断耐力の増大
			既存鉄筋コンクリート壁への増打，開口閉塞，鋼板壁増設	鉄骨筋かいの部材交換，接合部補強
		ロ　接合部耐力の増大	柱・仕口部の断面増大による耐力増大	添え板等による耐力の増大
		ハ　部材の可とう長さの確保	腰壁，垂壁等の撤去	
			スリットの新設	
		ニ　変形能力の増大		添え板等による局部座屈の防止
				補剛材による座屈の防止
	A3　偏心率，剛性率等の改善	耐震要素の付加，除去等		
	A4　劣化状況の改善	構造体補修		
B　地震応答の低減	B1　重量の低減	イ　固定荷重の除去，軽量化		
		ロ　積載荷重の低減		
	B2　地震応答の低減	減衰機構の組み込み（免震構造・制振構造）		
C　要求水準の低下	C1　重要度係数の低下	用途変更等		

建築保全センター「官庁施設の総合耐震診断・改修基準及び同解説」(1996) より

期待できる耐力・剛性が大きいことや技術的確実性から一番多く用いられている．多くは，現場打ちによる鉄筋コンクリート壁を採用しているが，プレキャストコンクリート壁や特殊な格子型コンクリートブロック工法などを用いることもできる．

新設壁の負担するせん断力は床から伝達され，4 周の柱・梁を通じて下階に伝達される．あと施工アンカーによる新設壁と 4 周柱梁との力の伝達には十分に注意する．

コンクリート強度が低い場合には，厚い壁を設けて過大なせん断力を 1 カ所に集中させないようにするとともに，梁を通じてせん断力が伝達されることを考慮し，低コンクリート強度の梁断面とバランスの取れた壁厚とする．

また，取り合う床の厚さ以上の新設壁厚を採用することは避ける．鉛直部材である耐震壁に伝達されるせん断力は，原則的には床を通じて伝達されると思われるので，床厚さ以上の厚い壁を設ける場合は，慎重にせん断力の伝達方法を検討する．耐力上のつじつま合わせだけを考えて，剛床仮定が成立しないような厚さの壁厚を決めることは危険である．

図 5.13 において，ある階の壁厚は両側スラブ厚の和に上階壁厚を加えた値以下とするのがよい．上階に壁がなく，片側スラブの場合は，スラブ厚以下とすることになる．施工上スラブ厚より厚くしたい場合には，耐力を低減して評価することが望ましい．

(2-b)　鉄筋コンクリート壁の増打ち　　既存の鉄筋コンクリート壁を利用し壁を増打つ工法は，建築計画的にも無理のない計画である．耐震壁としての

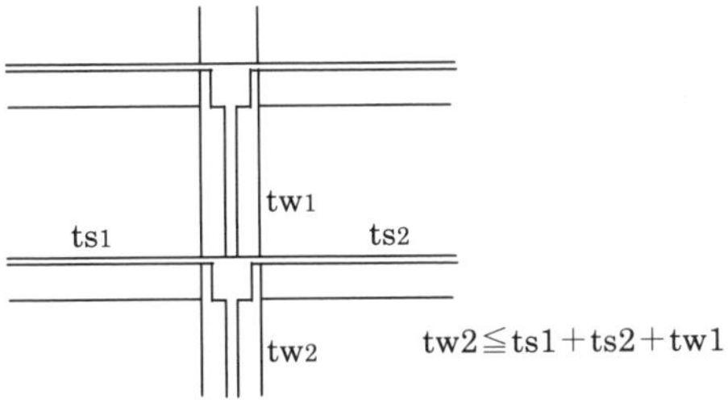

図 5.13　新設耐震壁の厚さ

一般的性状は，前述の新設壁と同様である．

あと施工アンカーにより4周を柱梁に接合するとともに，既存壁ともシアコネクターにより一体化を図っておく．増打ち壁の厚さは，既存壁に接して施工するあと施工アンカーが施工可能な条件から最低厚が決まり，通常は15 cm以上とすることが望ましい．増打ちにより合計した耐力壁厚さが大きくなり，取り付く床スラブ(両側スラブ厚の合計)より厚くなったときは，耐力評価に注意する．

また，コンクリート強度も配筋量も異なる2枚の壁を一体として評価することになるので，その耐力評価は両者の性状を考え合わせ，単純和でなく低減した値を使用するなどの配慮を行う．

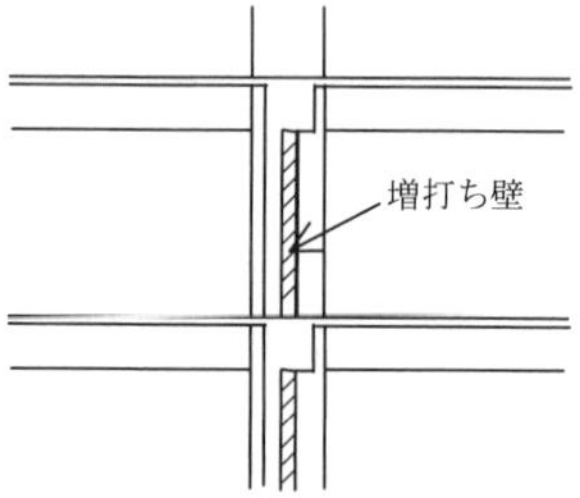

図5.14　増打ち壁

(2-c)　鉄筋コンクリート壁の開口閉塞　　鉄筋コンクリート壁の開口閉塞は，耐力向上のためのみならず，じん性向上に役立つものである．開口をすべて閉塞する場合には，無開口耐震壁としてかなりの強度向上が期待できる．部分的な閉塞を行い開口を残す場合には，耐力向上は制限されるが，開口により極ぜい性柱やせん断柱が耐震壁付帯柱となり，じん性向上にも寄与できることもある．

学校建築における階段室の踊り場部分の開口については，極ぜい性柱となることが多い．これに対して開口閉塞を行い開口を小さくして，極ぜい性柱を解消することは，耐力およびじん性向上の2面で有効な手法となる．

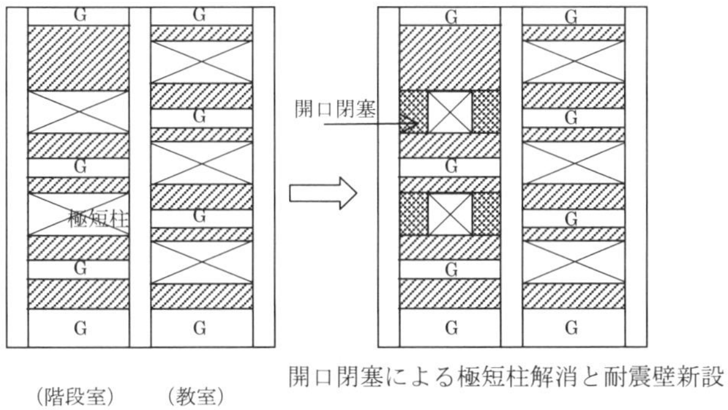

図 5.15 開口閉塞の例

(2-d) 鉄骨ブレースの新設　鉄骨ブレースをラーメン構内に設けることにより，鉄筋コンクリート耐震壁と同様な耐力を期待できる．ブレース構面の耐力壁としての一般的な挙動は，前述の新設鉄筋コンクリート壁と同様である．鉄骨断面を大きくしてせん断耐力を大きくすることは容易であるが，周辺架構や取り付いている床スラブ厚を考慮して，適切な断面以下とする．

学校建築などでは，周辺柱梁断面とのバランスや既往の実験結果との対応を考えると，250×250 の H 型断面以下程度のブレース断面使用が適当な場合が多い．

鉄骨ブレースには，周辺鉄骨フレームを通じて力が伝達される．周辺フレームへは，上下のあと施工アンカーとスタッドボルトを介して鉄骨梁へ伝えられるほか，柱頭部分から直接せん断としても伝達されることに留意する．ほかに，無収縮モルタルにより鉄骨フレームを直に周辺柱梁と取合わせる工法があるが，実験結果を参照してディテールを定める必要がある．

また，ブレース材の圧縮耐力は座屈で決まるが，座屈止めを設けるなどして，引張り耐力との差が少なくなるようにすることが望ましい．K型ブレースにおいて，圧縮耐力値が引張り耐力と比較して小さいときは，ブレース交差部に鉛直成分力を生じ梁がその付加曲げに耐えられないことがあるので，両者の耐力・じん性を単純に累加できるかに留意する．

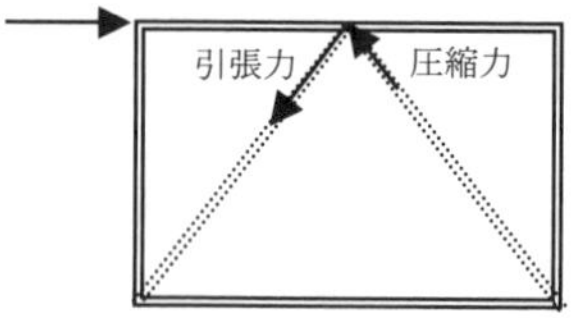

図 5.16　ブレース交差部の鉛直成分力

(2-e)　鋼板壁の新設　　鉄骨ブレースに代わって鋼板耐震壁を使用することもできる．鋼板耐震壁は，鉄筋コンクリート壁に比較して重量が少ない，大きなせん断耐力を期待することができる，開口がある場合にもその対応が容易である，などの利点を有している．問題点は，やや鉄骨製作が難しいことであろう．

鉄骨ブレースは，部材取り合いディテールに難しい点があるが，鋼板耐震壁は周辺で均等に周辺架構と取り合い応力集中もないという利点がある．これらの利点を考慮して，開口部を有する壁に対しては，鋼板耐震壁の利用を検討する価値があると思われる．

(3)　じん性の向上　　鉄筋コンクリート構造においては，じん性の確保は重要な耐震性能要件である．一般的には，柱・梁のじん性の確保はせん断耐力を向上させせん断耐力余裕度を大きくすることにより行われる．また，柱の可とう長さを大きくして変形能力を増大させることや，耐震壁架構の下階において壁が抜ける場合には，その階の柱が圧壊しないように補強することも，じん性向上対策といえる．

じん性を向上させ耐震性能を増加させた結果は，塑性変形の増大となることを忘れてはならない．仕上げ材に与える影響やエキスパンションジョイントのクリアランス確保などに留意する必要がある．

また，耐力型の層の中に部分的にじん性型の特性を入れ込むと，地震時のエネルギー入力がじん性型の層に集中し，その層の特定層破壊を生じる可能性がある．その歯止めとして $C_T \cdot S_D$ 値の制限があるが，$C_T \cdot S_D$ 値や C_T 値の高さ方向変動の許容程度は一概には言えないので，Is 値以外に耐力値(C_T 値)自体の高さ方向分布の連続性にも留意する．

(3-a)　部材のせん断補強　　柱材のせん断補強としては，コンクリート巻き立て工法・鋼板巻き工法・炭素繊維シート補強工法などが用いられる．いずれの場合も，閉鎖型のせん断補強材により既存鉄筋コンクリート柱を拘束することが大切である．

現実の柱が単純な矩形断面の独立柱であることが少ないので，どの工法を採用するかは，むしろ周辺の仕上げ材取り合いや防水納まりなどとの関係から決まることも多い．既往の実験は，矩形断面のみについて行われているものも多いので，壁付き柱等への適用には注意する．

梁のせん断補強は，床スラブがあるため簡単ではない．コの字型に鋼板を当てるなどの工法があるが，既往実験例も少ないので，慎重に補強計画を立案する必要がある．

(3-b)　可とう長さの確保　　主として柱について，可とう長さを大きくすることにより，相対的に曲げ耐力に比較してせん断耐力を大きくすることができる．一般的には，柱に接した壁にスリットを設ける工法が採用される．

耐震診断基準上のルールにより，柱が極ぜい性柱やせん断柱と判定されるが，個々の場合においては構造設計者が技術的判断を加え，スリットの要・不要を決めるべきである．構造設計者が計算プログラムの判断に盲従することは，避けたいものである．

スリットについては，新設する以上は確実に柱の変形能が増大するように隙間を十分にとるようにしたい．また，不確定要素を少なくする意味で，壁厚すべてを切り離すタイプのいわゆる完全スリットが望ましい．

（4）　その他の工法

(4-a)　エキスパンションジョイントの改良・新設　　1975年頃までは，エキスパンションジョイントとは「コンクリートが相互に連続していなければよい」という考え方が存在していた．いくつかのエキスパンションジョイントでは，設計図に表示されたクリアランスが必ずしも空隙として存在せず，型枠材やスタイロフォームが挟まれている．スタイロフォームといえども，全面積が伝達できる力は相当なものであり，場合により柱を壊す可能性があることも考えられる．エキスパンションジョイントは必ず空隙があるかを現場確認し，衝突を回避できるクリアランスを確保する．

また，現状の耐震診断基準における S_D 指標の評価でのエキスパンションジョイントの評価点は少なすぎると思われる．衝突現象により崩壊したと推定される震害例もあり，エキスパンションジョイントの納まりには，もっと神経質になるべきであろう．

L型平面により，耐震性能の評価が難しい建物がある．学校の場合などは，両方向の構造形式も異なりL型建物の耐震性能評価は技術的に困難である．平面形状の悪さ，偏心の影響を解消し建物性状を明確にするために，エキスパンションジョイントを設けて2棟に分離することも一つの立派な解決法である．学校では，L型のコーナー部には階段室が設けられていることが多いので，エキスパンションジョイントを設けやすいという点もある(**図5.17**参照).

(4-b)　2棟の一体化　　2つの建物がエキスパンションを介して隣接しているが，エキスパンションジョイントがほとんどクリアランスがなく柱が密着している場合がある．このような場合の解決方法として，上記のL型平面の場合と逆に2棟を緊結して一体化してしまうことも考えられる．もちろん偏心

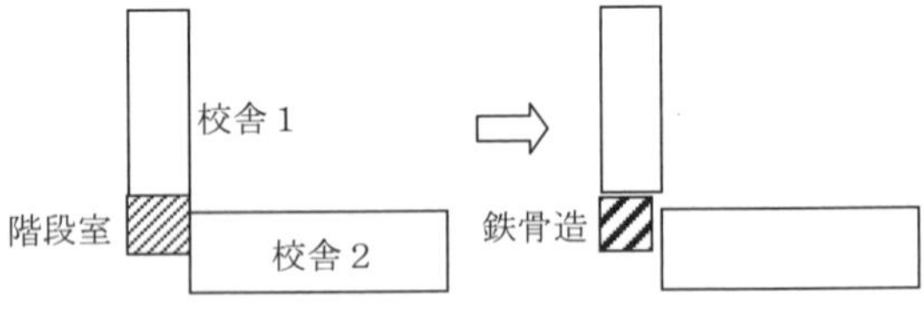

図5.17　L型平面の解決例

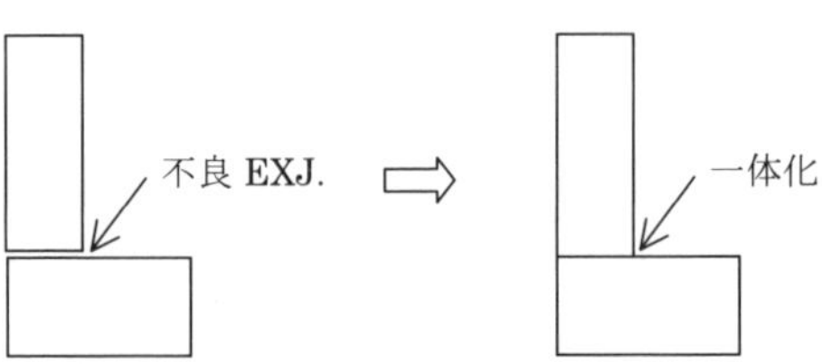

図5.18　2棟の一体化

などの影響を考慮することは必要であるが，2棟が衝突するよりはよいだろうという考え方である．

練習問題5

1．耐震設計　耐震設計において，静的設計と動的設計の違いを説明せよ．

2．耐震設計の歴史　低層建物の耐震設計の歴史において第1世代，第2世代，第3世代といわれるものは何か．

3．制振構造　制振構造におけるダンパーの役割は何か．

4．質量効果機構　制振構造において用いられる質量効果機構について説明せよ．

5．免震構造　免震構造において，構造物の固有周期を長くしているものは何か．

6．下記の内容が正しいかどうかを述べよ．

a）震度法とは，建物重量に震度という係数を乗じて水平方向の地震荷重とするものである．震度の値は，建物に生じる水平加速度を重力加速度で除したものを想定している．

b）ある階の層せん断力係数とは，その階の層せん断力を建物全重量で除したものをいう．

c）動的設計では，地震動が作用したときの建物挙動を振動応答解析により求め，建物の変形や部材に生じる応力の最大値に対して安全性を検討する．

d）わが国における超高層建物は，建築基準法の扱いが一般建物と異なるという意味で，建物高さが60mを超えるものである．

e）免震構造は，建物と地盤をまったく縁切りして，地震入力がないように工夫した構造である．

f）制振構造は，各種の振動外乱を対象として，振動エネルギーをダンパーなどにより吸収させて，振動応答を低減しようとするものである．

g）TMD (tuned mass damper) は，建物の1次固有周期とダンパー周期を同調させて，振動外乱による入力エネルギーを吸収しようというものである．

参考文献

1）日本建築構造技術者協会『これからの耐震設計(阪神大震災に学ぶ)』オーム社(1996)

2）日本建築センター『建築物の構造関係技術基準解説書』(2001)

3）日本建築構造技術者協会『応答制御構造設計法』彰国社（2000）
4）建設大臣官房官庁営繕部監修「官庁施設の総合耐震診断・改修基準及び同解説」建築保全センター（1996）
5）広沢雅也，周建東「診断結果から適切な改修設計を導く考え方」建築技術（1999.10）
6）記事「動き始めた耐震改修」日経アーキテクチャー（1996.7.15）
7）記事「耐震改修なら居ながらで」日経アーキテクチャー（1999.8.23）
8）田中礼治他「東北地方の既存RC造建物の耐震診断及び耐震補強に関する調査研究ⓑその1～その10」日本建築学会大会梗概集（2000.9）
9）山口寛久他「既存鉄筋コンクリート造建築物の耐震性能―年代別，用途，層数別の構造耐震指標の分布の検討」日本建築学会関東支部研究報告書（昭和63年度）
10）中谷誠他「耐震診断結果に基づく北海道の既存鉄筋コンクリート造建築物の耐震性評価　その1～その2」日本建築学会大会梗概集（1998.9）
11）迫田丈志他「1995年兵庫県南部地震により被災したRC造学校建築の被害と耐震性能の分析」コンクリート工学年次論文報告集，Vol. 18，No. 2（1996）
12）阪神・淡路大震災調査報告編集委員会「阪神・淡路大震災調査報告　共通編-1総集編」日本建築学会他（2000.3）
13）寺本隆幸他「東京都の既存RC造校舎の耐震診断・補強に関する調査研究その1～その2」日本建築学会大会梗概集（2002.8）

第6章

構造計画と構造設計

前章までに述べてきた事項は，構造設計を行うに当たっての基本的な構造の知識に関するものである．本章で，初めて構造計画や構造設計に関する事項を説明する．しかしながら，「設計に教科書はない」といわれているように，このように勉強すれば設計者になれるといったものはないのが現状である．

ここでは，一般的な構造設計の流れと，具体的な記述を行うために，鉄筋コンクリート構造を例にとって，設計上の留意事項を述べることとする．建築構造や構造設計に対する基礎知識が少ない学生諸君には，やや理解し難い部分もあると推測されるが，あえて実務的な留意事項を解説した．

コンクリート打設

6.1 計画と設計

6.1.1 建築設計の仕事上の区分

建築設計の仕事上の区分は，意匠設計・構造・設備の 3 部門と工事費を算定する積算部門に分かれて仕事をしている．3 部門は，それぞれ関係した工事を持っており，工事費算定および工事が可能な設計図を作成している．

建物の全体像を定める図面は，もちろん正確に表現されている必要があるが，詳細決定の内容や表現に関しては部門ごとに差異がある．構造部門が，建物の安全性に関わることから，一番施工図に近い具体的な内容を決めており，鉄筋が 5 本とか鉄骨板厚が 22 mm とかを細かに定めている．意匠設計では当初の詳細を定めてはいるが，施工業者との打合せにより多少の詳細変更することは多く，設備部門ではシステム設計が主体となり現場変更される要素がさらに多いのが特徴である．

また，構造設計が取り扱う材料の種類が非常に少ないことも，構造部門の特徴の一つである．**表 6.1** に示したコンクリート，鉄筋，鉄骨，杭が，設計対象となる材料のすべてといってよく，これに建物重量を支持する敷地地盤が検討対象に加わる程度である．

表 6.1 建築設計の区分

	設計部門	設計対象	対象工事
1	意匠設計	全体計画，仕上げ	仕上工事（外装，内装，床，天井，間仕切など）
2	構　　造	構造軀体	軀体工事（コンクリート，鉄筋，鉄骨，杭など）
3	設　　備	空気調和，衛生，電気	設備工事（空調，衛生，電気，エレベーター，エスカレーターなど）
4	積　　算	工事費	すべての工事

6.1.2 構造計画・構造設計・構造計算

企画，計画，設計という表現上の区分があるが，その境界は定かではない．「広辞苑」より言葉の意味を引いてみると以下のようになるが，国語的にもその差異は明確でない．

（1）　企画：計画を立てること，もくろみ，くわだて．

（2）　計画：物事を行うに当って方法手順を考え企てること．

（3）　設計：ある製作，工事などに当たり，その目的に即して…計画を立て図面その他の方式で明示すること．

このように各言葉のイメージは重なっており簡単には分けられないが，構造関係で用いられている構造計画，構造設計，構造計算の一応の区分けを試みる．

「構造計画」は，全体的，概念的なものであり，当初の建物設計条件から構造種別を定め，構造方式（RC 造ラーメン構造とか S 造ブレース構造とかの架構方式）を定める段階である．

「構造設計」は，より具体的，定性的となり，架構方式から概略の部材設計を行い，部材断面を想定して建築計画との整合を図っていく段階である．

「構造計算」は，局部的，定量的段階であり，部材設計から詳細設計に移行し，断面の詳細（鉄筋の本数とか鉄骨部材の板厚など）を定めていく．また，構造図の作成もこの段階で行われる．

6.2　設計の流れ

一般的な建物の設計の流れは**図 6.1** に示すように，「企画→基本計画→基本設計→実施設計→確認申請→着工→竣工」と進んでいく．すべての建物がこの手順によるのではなく，いきなり実施設計が始まり短期間で終了するものもあるし，基本設計が何回もやり直しされるものもある．

「企画段階」では，決められた敷地の法的な状況などを調べ，どのような用途，規模の建物が建設可能かを検討し提案していく．構造関係のこの時点での作業は少なく，敷地の地盤調査を行い，建物配置，地下構造，基礎形式などを検討しておく段階である．

「基本計画」では，建物の計画条件が定められ，求められた建物用途，容積を可能にするような設計方針が決められる．構造部門では構造種別や構造形式が決定され，RC 構造 5 階建ての耐震壁付きラーメン構造等の具体的な構造システムが提示される．

「基本設計」では，建物の基本方針が定められ，建物の平面形状，断面構成

全　体	（企画）→	（基本計画）→	（基本設計）→	（実施設計）→	確認申請
	△設計着手	△計画条件	△基本方針	△設計条件	△設計完了　△法的手続

意　匠	建物用途・規模 →	設計方針 詳細用途・容積 →	基本平断面 →	詳細設計 意匠図 →	官庁折衝

構　造	敷地条件検討 →	架構方式 →	主要構造体 →	詳細設計 構造図 構造計算書 →	官庁折衝
	（基礎地業） （建物配置）	（構造種別） （構造形式）	（断面寸法）	（ディテール） （配筋・鉄骨詳細）	

図 6.1　一般的建物の設計の流れ

が検討され，人や車の動線計画も考慮される．構造部門では構造方式に基づき具体的な部材寸法が決定されて行き，RC 部材柱の断面寸法が（700×800）であるなどが示される．

「実施設計」では，最終的な設計条件が定められ，それに基づいて建物詳細がつぎつぎと決定されていく段階である．意匠設計においても，断面矩計，平面詳細，外装材詳細等が検討され意匠図が作成される．構造部門では，鉄筋の本数，配置や鉄骨詳細といった断面の細部が最終的な構造計算結果に基づいて決められていき，構造図が作成される．最終的には，構造計算内容は確認申請に必要な構造計算書としてまとめられる．

これらの流れの中で，構造設計関係で一番時間をとられるものは意匠，設備との打合せであり，構造計算に関わる部分はコンピュータの使用により大幅に省力化され全体の 10 ～ 20％ にすぎない．

6.3　鉄筋コンクリート構造の設計

一般的な概念にあるように，「計画→設計→計算」という順位が構造設計にもあり，構造計算は上位の基本的な考え方により大きく影響される．本節では，鉄筋コンクリート造建物の構造設計を進めるに当たっての基本的な事項を述べることとする．

鉄筋コンクリート構造は，小規模建物から大規模建物まで幅広く使用されている．中規模の事務所建物または集合住宅（階数5階程度）を想定して，その構造形式もラーメン構造または耐震壁を有するラーメン構造であるものを対象として，計画を進めるに当たっての留意事項を記述する．

6.3.1 材料の選定

構造設計を始める際には，使用する構造材料をどのようなものとするかを最初に定めておく必要がある．とくに，鉄筋コンクリート構造ではコンクリートの地域性や供給体制，継手工法などを考えて使用材料を決めておく．

（1） コンクリート

使用するコンクリートとしては，普通コンクリートが多いが，建物重量を軽減し地震荷重や基礎，杭の負担重量を減らしたい場合には，人工軽量コンクリートが使用されることがある．人工軽量コンクリートは，人工軽量骨材生産工場が限定されていることや，JIS指定のある生コン工場も多くないことから，事前にその供給体制を確認する必要がある．

日本建築学会「鉄筋コンクリート構造計算規準」では，対象とする普通コンクリート強度をFc18～60としているが，通常用いられるコンクリートの強度は，

普通コンクリート　　Fc18～27　N/mm^2
人工軽量コンクリート　Fc18～24　N/mm^2

程度である．

（2） 鉄筋

鉄筋の材種は，SD 295 A，SD 295 B，SD 345，SD 390級の材料が，建築基準法および日本建築学会「鉄筋コンクリート構造計算規準」上は使用することができるが，通常は細物（D 10～D 16）に対してSD 295 A，太物（D 19以上）に対してSD 345が使用されることが多い．最近，高強度材であるSD 390も使用される場合がでてきている．

鉄筋の継手方法としては，重ね継手，圧接継手，機械式継手，溶接継手などがあるが，一般には，細物に対して重ね継手，太物に対して圧接継手が用いられる．鉄筋の材質，必要かぶり厚さ，鉄筋間隔などを考慮して，慎重に継手工

法を決める必要がある．

6.3.2 部材設計の基本事項

鉄筋コンクリート部材を設計する場合に，まず基本的事項を前もって定めておく必要がある．部材の断面が，必ずしも応力によらずこの基本事項により定まる場合が多いからである．基本事項としては，以下のものがあげられる．

（1） かぶり厚さ，配筋

コンクリートのかぶり厚さや鉄筋相互の間隔を十分にとり，コンクリートの充塡性をよくする必要がある．かぶり厚さや配筋ディテールについては，日本建築学会『鉄筋コンクリート造配筋指針・同解説』に，くわしく考え方や諸数値が述べられている．設計に当っては，同指針を参考にする．

（2） 部材寸法

断面寸法の決定には，かぶり厚さ，鉄筋径，鉄筋間隔，継手工法，コンクリートのスランプ，直交部材の鉄筋位置，定着の方法などを考慮する．建物の性格，重要度，架構の性状に応じて，設計に先立って部材の最小寸法を定めておく．たとえば，最小のせん断補強筋比 0.2％ 以上を守るためには，梁幅 400（最小帯筋 2-D 13@200）と梁幅 350（最小帯筋 2-D 10@200）では，使用しているせん断補強筋量が大幅に異なることに注意する．

（3） 使用鉄筋と最小鉄筋比

使用する鉄筋径は，誤用を避けるために同一サイズの異種鉄筋は使用しない．たとえば，D 6～D 16 は SD 295 A，D 19～25 は SD 345 のように使い分ける．

また，ガス圧接継手の使用に際しては，建物の規模や地方性，施工業者などを考慮する．鉄筋コンクリート構造として設計するからには，建物全体として一定量以上の補強筋がはいっているべきであろう．このため，それぞれの最小補強筋比を定めておく．あるコンクリート断面寸法を定めたら，最小鉄筋量以上の配筋を行うことが望ましい．鉄筋量を少なくしたい場合には，コンクリート断面から小さくすべきである．

6.3.3 柱の設計

柱材は，建物自重を支えている重要な部材であり，十分なじん性を有している必要がある．一般的には，重量を支持している面積の大小により，柱＞梁＞

壁の順序で重要と考えている．とくに充分なじん性を期待する柱に対しては，下記条件（種別 FA の条件）を守ることが望ましい．

① 想定される破壊モードが曲げ破壊であること．

② $h_o/D \geqq 2.5$ 　h_o：柱の内のり高さ

　D：柱せい

③ $\sigma_o/F_c \leqq 0.35$ 　σ_o：崩壊メカニズム時の軸方向応力度

　F_c：コンクリートの材料強度

④ $P_t \leqq 0.8\%$ 　P_t：引張鉄筋比

⑤ $\tau_u/F_c \leqq 0.1$ 　τ_u：崩壊メカニズム時の平均せん断応力度

6.3.4 梁の設計

梁部材は，長期荷重時の曲げモーメントに対して有害なひび割れを生じないようにする．スパンや支配面積の大きい鉄筋コンクリート大梁は，クリープ変形，曲げひび割れの検討を行ない，コンクリートの品質管理，支保工の存置期間など施工に注意する．鉄筋コンクリート大梁の曲げひび割れを防止するためには，M/bD^2 の値を長方形梁では 60 N/cm^2，T 形梁では 100 N/cm^2 程度以下とする．

梁部材が，十分なじん性を有するようにするためには，下記条件（種別 FA の条件）を守ることが望ましい．

① 想定される破壊モードが曲げ破壊であること

② $\tau_u/F_c \leqq 0.1$ 　τ_u：崩壊メカニズム時の平均せん断応力度

　F_c：コンクリートの材料強度

6.3.5 その他部材の設計

（1） 仕口の納り

梁主筋の仕口部への定着には，十分注意する．とくに，左右より取合う梁の幅や主筋径，本数が異なる場合には，その納りに留意する．

一般に鉄筋コンクリート構造では，柱梁接合部部分の耐力が不足することは少ないが，兵庫県南部地震での被害例も指摘されており，直交梁がない場合などは検討を行うことが望ましい．

（2） 耐震壁

耐震壁は，壁厚 150 以上のダブル配筋とし，せん断補強筋比は，0.4％ 以上とすることが望ましい．主要な耐震壁は無開口が望ましい．開口がある場合は，せん断応力度のレベルに応じて開口周囲の補強を行うほか，コンクリートの充塡性に注意する．

（3）　梁の貫通孔

鉄筋コンクリート梁では，原則として貫通孔を設けない．やむを得ず貫通孔を設ける場合には，とくにせん断力に対して十分な補強を行うほか，貫通位置はせん断力の小さいスパン中央寄りとし，上下位置は梁成の中心付近とすることが望ましい．

また，貫通孔の大きさは原則として下記に依り，これより大きなものに対しては検討を加え，十分な補強を行う必要がある．

① $\phi \leqq D/5$　　　ϕ：貫通孔の大きさ

② $D_1 \geqq 250$　　　D：鉄筋コンクリート梁成

③ 貫通孔の間隔$\geqq 4\phi$　　　D_1：貫通孔よりコンクリート端までの距離

6.3.6　骨組計画

（1）　骨組計画

鉄筋コンクリート構造に限らず，構造計画がきれいな骨組は，単純明快なプランの上に成立するものが多い．建物の用途上の要求をいかにうまく整理して，建築空間を作り上げるかが，設計者の技術ということになろう．

鉄筋コンクリート構造では，鉄筋コンクリート壁は構造部材であるとともに建築空間を構成する要素でもある．鉄筋コンクリート壁は，防水性，遮音性，断熱性に優れた性能を持っている．この特性を有効に利用しながら，構造部材としても役立てることが大切である．耐震設計の簡便さのみから，鉄筋コンクリート壁を乾式壁に安易に変更することは，建物の常時の性能を低下させている場合もあることに留意すべきである．

（2）　スパン割り

スパン割を行う場合に，鉄筋コンクリート構造に適したスパン長さは7～10m程度であり，スパンがあまり長くなってくると梁自重の影響も多くなり不経済になることが多い．

また，標準的な柱の支配面積（X 方向スパン l_x と Y 方向スパン l_y との積）は，50m^2 程度とすることが多い．

【例】 $l_x=5,\ 7,\ 10$ (m)

$l_y=10,\ 7,\ 5$ (m)

(3) 梁せいの決め方

梁せいは，断面耐力に関係する量であり設計用応力から決められることが多い．しかしながら，事務所建築などでは，ダクト，配管類が天井裏に多数設けられる．このダクト類との取合いが骨組計画の大きなポイントとなる．

たとえば，**図6.2**では，主として大梁(G1，G2)の応力を似たものとするように，長いスパン方向に小梁(B1)をかけている．これにより，両方向の大梁せいはあまり差がなくなり，全体的に梁せいは均一となり，天井裏寸法が小さくなる．

図6.3では，短いスパン方向に小梁(B2)をかけている．これにより，長スパン方向の大梁(G3)のせいは大きくなるが，短スパン方向の大梁(G4)のせいは小さくなる．この場合は，左右方向にダクトを引回すのに適している．

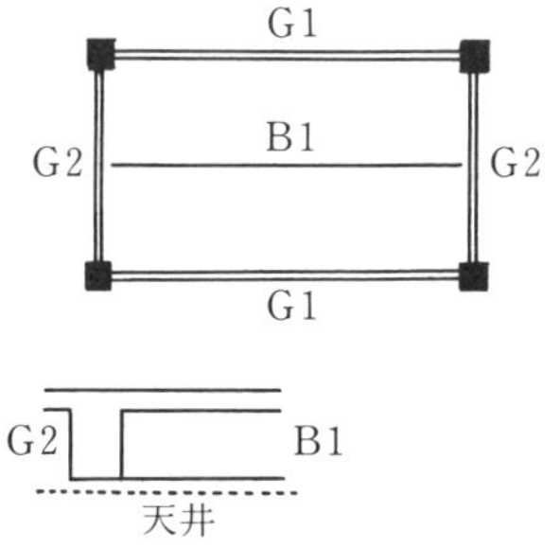

図6.2 小梁の計画(1)

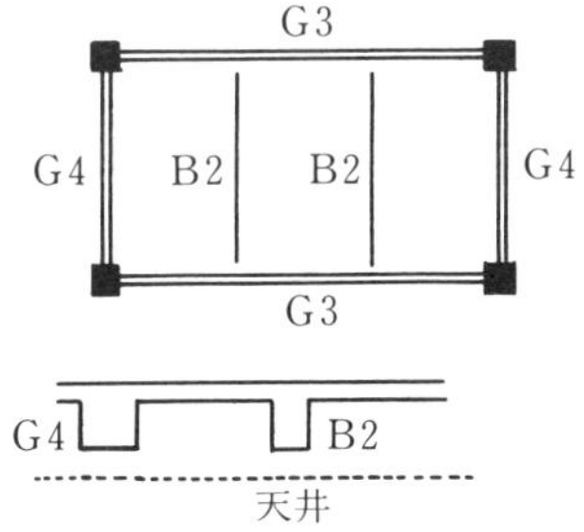

図6.3 小梁の計画(2)

6.3.7 耐震設計

わが国においては，耐震計画が構造計画上の重要な部分を占めることが多い．ここでは，耐震設計の基本的事項を述べる．

耐震設計は，主としてラーメン架構および耐震壁架構を耐震要素とするものである．これらの耐震要素を，いかに有効かつじん性を有するように設計するかが，耐震設計の基本である．

(1) 平面・立面計画

平面計画としては，偏心の生じないよう対称軸を持った平面であることが望ましい．対称軸を有しないものでは，重心と剛心の距離(偏心距離)が少なくなるよう部材断面を決定する必要がある．

立面計画としては，高さ方向に剛重比(その層の剛性と重量の比)があまり変化しないものが望ましい．建築基準法に定める剛性率は，簡便に剛重比の変化を算定しようというものである．

（2） 耐震壁とその配置

鉄筋コンクリート構造においては，柱・梁以外の耐震要素として鉄筋コンクリート造耐震壁が用いられる．事務所建築ではコア周りや外壁周りの壁を利用して，集合住宅では戸境壁を利用することとなる．

耐震壁は，

① 負担できるせん断耐力が大きい．

② 連層耐震壁とした場合には，曲げ変形や耐力を考慮するとじん性の高い耐震要素とすることができる．

③ 柱・梁のみのラーメン構造では，少しでも耐力の小さい層があるとその層に損傷が集中しがちであるが，連層耐震壁はその損傷を上下層に分散し平均化する効果が有る．

などの理由により耐震要素としてよく用いられている．

(耐震壁の設計上の注意)

① 耐震壁は負担するせん断力も大きいので，その配置はできる限り対称性を保持するようにし，偏心が生じないようにすることが望ましい．

② ねじれに対処するためには，耐震壁はできる限り建物の外周に設ける方が有利である．建物中心のコア周りなどに耐震壁を配置する場合には，ねじれの影響を考え外周柱には十分なじん性を持たせる必要がある．

③ 連層にならない耐震壁については，剛床仮定によりその耐震壁に分担させたせん断力が，床スラブまたは梁を通じて十分伝達可能であるかどうかを検討する必要がある．

④ 耐震壁架構については，壁脚部の固定度の影響，壁のひび割れ発生後の挙動，床スラブよりのせん断力の伝達機構など，種々の不明快な要素を含んだまま設計せざるを得ないものである．

⑤ 耐震壁の断面は，単に計算を行えば自動的に配筋が決るということではなく，定性的な判断を加えつつ設計を行う必要がある．

（3） 境界梁

連層耐震壁につながる梁は境界梁と呼ばれ，とくに耐震壁の（高さ／幅）が大きくなると耐震壁の力学的性状を決める大きな役割を持つ．境界梁の曲げ戻し効果により，耐震壁が負担するせん断力，曲げモーメントが決められる．境界梁は，壁から強制変形を受け大きな応力を生じやすいので，曲げ降伏が先行するように，せん断補強を入念に行う必要がある．

境界梁に応力集中を生じ，設計不可能に近い応力を生ずることがある．この場合には，境界梁の成を小さくして応力集中を緩和する，境界梁は早期に降伏すると考え最初から剛性を低下させて評価するなどの対処をする．

6.3.8 耐震設計ルートの選定

鉄筋コンクリート構造の耐震設計ルートは，下記のものがある．設計に際しては，どの設計ルートを採用するかを定めて，検討を行う必要がある．

耐震設計のフローを，**図 6.4** に示す．

ルート[1]：強度型の設計．多くの耐力壁および柱により十分な耐力を持つため，じん性には期待しない．剛性の偏在は許すが，許容応力度計算時にはねじれの補正を行う．

ルート[2]：剛性および重量の偏在が上下，水平両方向とも少ない場合．

[2-1]：耐力が大きく，ややねばりのある建築物．
耐力壁が水平力の多くを負担する．

[2-2]：耐力が大きく，ねばりのある建築物．
開口の大きな壁など耐力壁とはみなされない壁および袖壁の付いた柱が水平力の多くを負担する．

[2-3]：各部材のじん性に期待する建築物．
崩壊メカニズムを略算的に仮定して得られるせん断力に対して，十分なせん断補強を行ない，ねばりに余裕を持たせる．

ルート[3]：架構形式や耐力壁の多少により必要な構造特性係数 D_s を設定し，それに応じた耐力を持たせる．

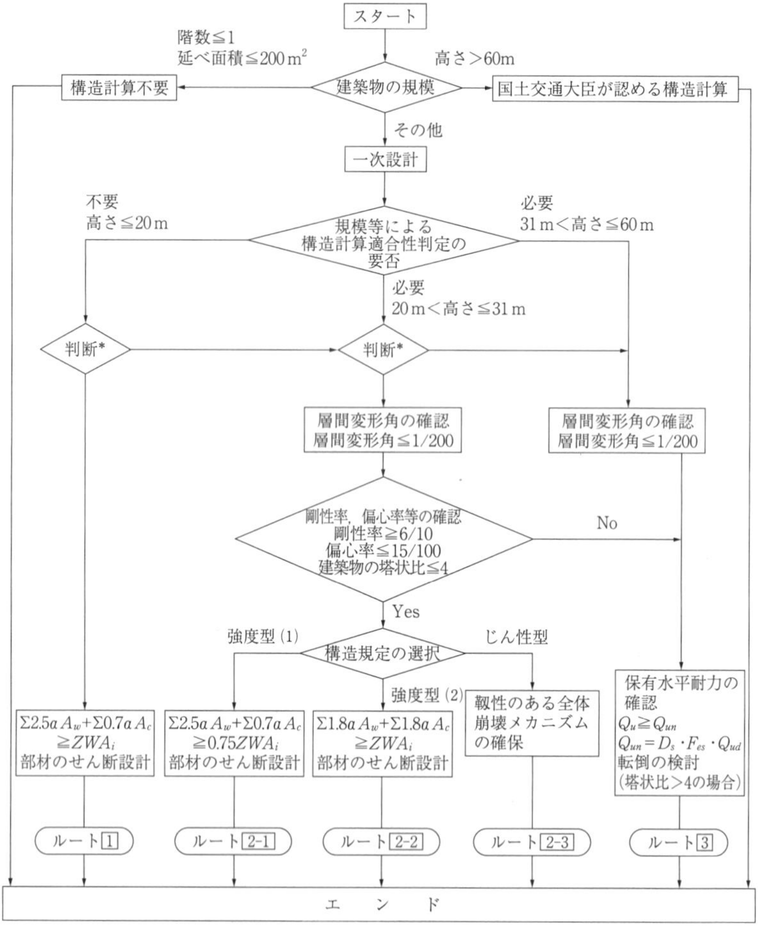

※判断とは設計者の設計方針に基づく判断のことである．たとえば，高さ31m以下の建築物であっても，より詳細な検討を行う設計法であるルート3を選択する判断などのことを示している．
※※本フローは，「2008年版 建築物の構造関係技術基準解説書」に基づいている．

図6.4　鉄筋コンクリート構造の耐震設計フロー

6.3.9 設計手順

（1）部材寸法の仮定

構造設計を進めるに当っては，まず部材の寸法を仮定する必要がある．各部材の概略寸法の算定方法は以下による．

① 使用する鉄筋径を想定し，最小部材寸法を決めておく．

② 柱コンクリート断面は，Ac＝柱長期軸方向力/(400～600 N/cm^2) として必要断面積を求め，それより柱寸法 D_x・D_y を決める．階高の大きい階では，地震時応力を考え適宜断面を割増しておく．

③ 梁コンクリート断面は，梁せいをスパンの 1/10 程度として決め，地震時応力を考えて下階では割増しを行う．梁幅は，使用する主筋・スターラップ筋径に応じて，通常 300～400 とする．たとえば，スターラップ D 13 なら梁幅 400，D 10 なら梁幅 350 以下とする．

④ スラブ厚さは，スパンの 1/30 を目安とし，かつ 130 以上とする．床にフロアーダクトを入れる場合は，その納りにより厚さを検討する．集合住宅では，遮音性能を考慮してスラブ厚さを設定する．

⑤ 壁厚さは，外壁の場合は防水性を考慮して 180 以上とする．耐震壁は，設計用層せん断力と仮定した壁の分担率より厚さを定める．耐震壁は，厚さ 150 以上のダブル配筋とすることが望ましい．

（2） 応力算定

仮定した断面を用いて長期および短期の応力計算を行う．応力計算法には，固定法，たわみ角法，D 値法，マトリックス変位法などがあるが，通常は長期荷重に対して固定法，短期荷重に対して手計算の場合は D 値法，コンピュータによる場合はマトリックス変位法を用いている．計算された結果に対しての評価を行い，結果が妥当なものであるかの確認を行うことが重要である．

計算の誤りには，モデル化上の誤りと計算上の単純な誤りがある．前者の考え方の誤りについては，解析モデルの特性をよく把握しておき，その限界をよく認識した使い方を心掛ける必要がある．後者の計算ミスについては，常にオーダー的なチェックや略算式による検討をおこたらず間違いの発見に勉める必要がある．

この場合，計算される数値に対してどの程度の値となるはずという予測値を持っていることが，間違いを見つける上で有効である．

予測値を求める概略計算の例：

① 梁応力：等分布荷重による計算，C・M_o・Q_o の活用

② 柱軸力：床重量 (kN/m^2)×支配面積×層数

③ 柱せん断力：地震時せん断力≒柱軸力×0.2（柱が自分の重量を負担する場合）

④ 建物重量：床重量（kN/m^2）×床面積×層数

また，常に想定した荷重や応力を必ず反力のある所まで伝えることを，忘れないようにする．

【例】・スラブ端部応力の反力
・地下外壁脚部の反力
・上下柱断面の中心差による付加応力

（3） 断面算定と断面検討

曲げモーメントに対する柱・梁断面の算定方法としては，下記に示すようなコンクリート断面のみを仮定する方法①と全断面を仮定する方法②がある．

ある程度手慣れた設計者としては，コンクリート断面を仮定すれば当然その中に入れる配筋量も想定しているはずであり，方法②の方がより計算が簡便であり，設計した部材の抵抗力をあらかじめ把握しておくという，設計という行為に適した手法と思われる．

方法① コンクリート断面のみを仮定する方法（断面算定）

a） コンクリート断面を仮定

↓

b） 設計曲げモーメント（M_D）より必要鉄筋量（req A）算定

↓

c） 実配筋量 A の決定（A：実配筋の断面積）

のステップより，（$M_D \rightarrow \mathrm{req}\,A \leqq A$）となる．

方法② 全断面を仮定する方法（断面検討）

a） コンクリートと鉄筋配筋 A の仮定（A：実配筋の断面積）

↓

b） 断面の抵抗曲げモーメント（M_r）の計算

↓

c） 抵抗応力と設計応力（M_D）の比較により安全性確認

のステップにより，（$A \rightarrow M_r \geqq M_D$）となる．

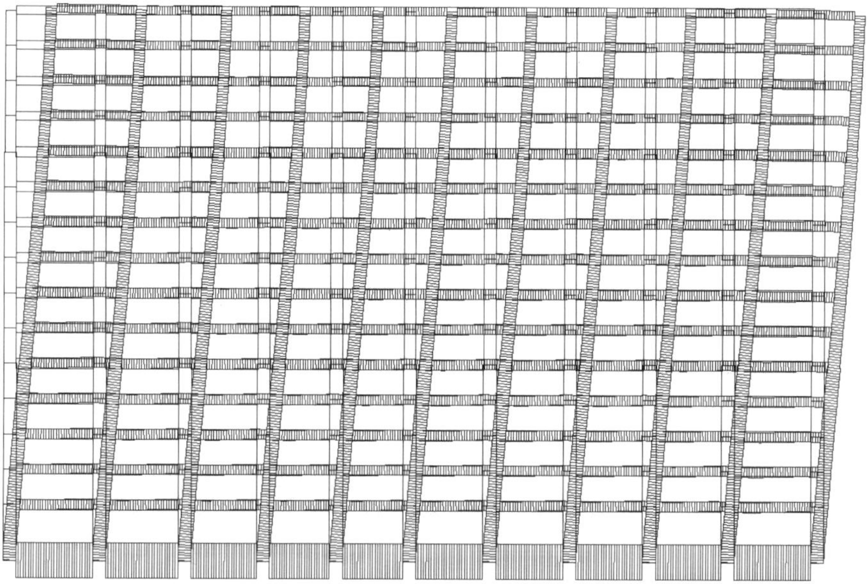

図 6.5　ラーメン構造架構の地震力による変形

6.3.10　躯体数量

（1）　代表的部材のコンクリート，鉄筋量

鉄筋コンクリート造事務所建物 17 棟の床スラブ，大梁，小梁，柱，壁のコンクリート量を計算し，その比率を求めたものが**図 6.6** である．これを見ると，床スラブが 35％を占めており最大の要素であることがわかる．柱のコンクリート量は，設計者が時間をかけて検討する割には，10％程度と大きな要素ではない．

また，床・梁の水平部材が合計 65％と全体の 2/3 に当たり，残りの 1/3 が柱・壁といった垂直部材である．

各部位の鉄筋量を略算してみると，以下のようになる．

(単位：kg/m³)

床スラブ	厚120	主筋 D10@200 ダブル，配力筋 D10@300 ダブル	77
	厚140	主筋 D10D13・D10@200，配力筋 D10@200 ダブル	88
梁	350×800	主筋 5-D25・3-D25，Str. D10@200，4-D10	143
	400×800	主筋 6-D25・4-D25，Str. D13@200，4-D13	174
	300×600	主筋 3-D22・2-D22，Str. D10@200，2-D10	117
柱	800×800	主筋 12-D25，Hoop D13@100	121
	700×700	主筋 12-D22，Hoop D13@100	126
	600×600	主筋 8-D22，Hoop D10@100	127
壁	厚160	D10@200 たてよこダブル	70
	厚180	D10D13@200 たてよこダブル	86
	厚200	D13@200 たてよこダブル	100

前記のコンクリート量の比率を乗じて，全体の鉄筋量を概略算定してみると，

床スラブ	85 kg/m³×0.35＝30 kg/m³	(28％)
大梁	140　×0.25＝35	(32％)
小梁	120　×0.05＝ 6	(6％)
柱	125　×0.15＝19	(18％)
壁	90　×0.20＝18	(17％)
(合計)	108	(100％)

となる．上記数量は，断面のネット数量であり定着その他を考えると，108×1.2≒130 kg/m³ と通常のコンクリート量当たりの鉄筋量となる．

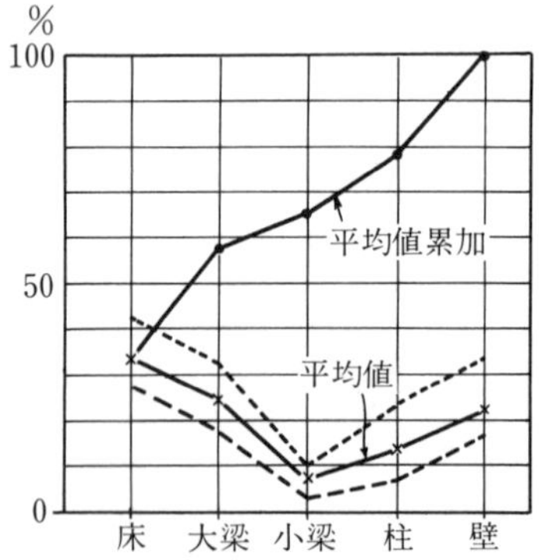

図6.6　各部位のコンクリート量

一般的には，D10～D16の細物鉄筋が全体の60％程度を占め，共同住宅では80％にもなる．最小断面や最小配筋の考え方により，細物鉄筋量は大きく左右されるので，6.3.2項の考えを整理して設計に取り組むことが大切である．

（2） 単位面積当たりの躯体数量

構造躯体の数量は，厳密には建物ごとに異なるものであり，簡単にその値を定められるものではない．各設計者は，自分の設計する建物について，どの程度の数量の構造材料を使うかを事前に想定しておくべきであろう．

建物が複雑な場合や，吹き抜け部が大きい場合などには，部分的に概算数量を想定断面から計算して，全体の躯体数量を予測する必要がある．

鉄筋コンクリート造建物での平均的な構造躯体数量を求めるために，90棟の建物の躯体数量をデータとして，まとめたものが**図6.7**である[4)]．これによると，コンクリート量はおおむね延床面積に比例し，鉄筋量はおおむねコンクリート量に比例し，型枠量はコンクリート量が増加するに従い少なくなることがわかる．

しかしながら，そのばらつきは非常に大きく，場合によると同じ床面積で2倍にもなっている．個々の建物の平面形状，外壁面積，地下比率，壁の多少，施工床面積と基準法床面積の比率などが，その変動要因と考えられるが，その影響を定量的に把握することは困難である．

概算的な数量としては，以下のようになる．

- コンクリート量（延床当り）　$0.7\,m^3/m^2$
- 鉄筋量（コンクリート量当り）　$130\,kg/m^3$
- 型枠量（コンクリート量当り）　$5 \sim 7\,m^2/m^3$

- コンクリート量(床面積当たり)
  1,000 m²…0.75 m³/m²
  10,000 m²…0.7 m³/m²
- 鉄筋量(コンクリート量当たり)
  1,000 m³…125 kg/m³
  10,000 m³…130 kg/m³
- 型枠量(コンクリート量当たり)
  1,000 m³…7.0 m²/m³
  10,000 m³…5.5 m²/m³

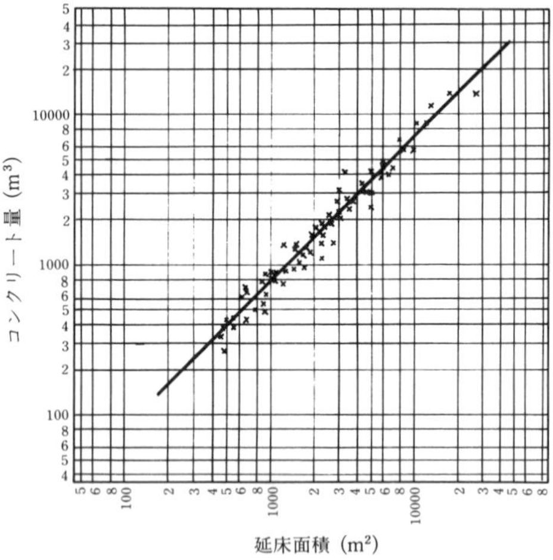

(a)　延床面積～コンクリート量

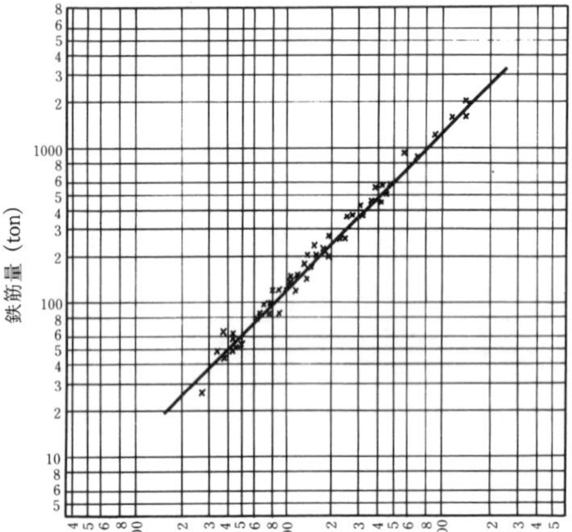

(b)　コンクリート量～鉄筋量

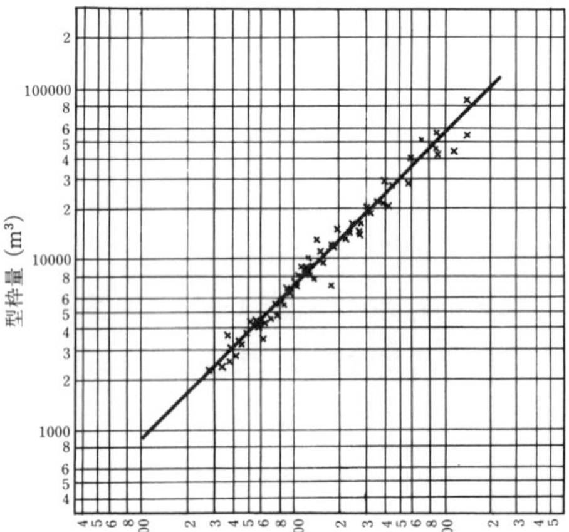

(c)　コンクリート量～型枠量

図 6.7　躯体数量

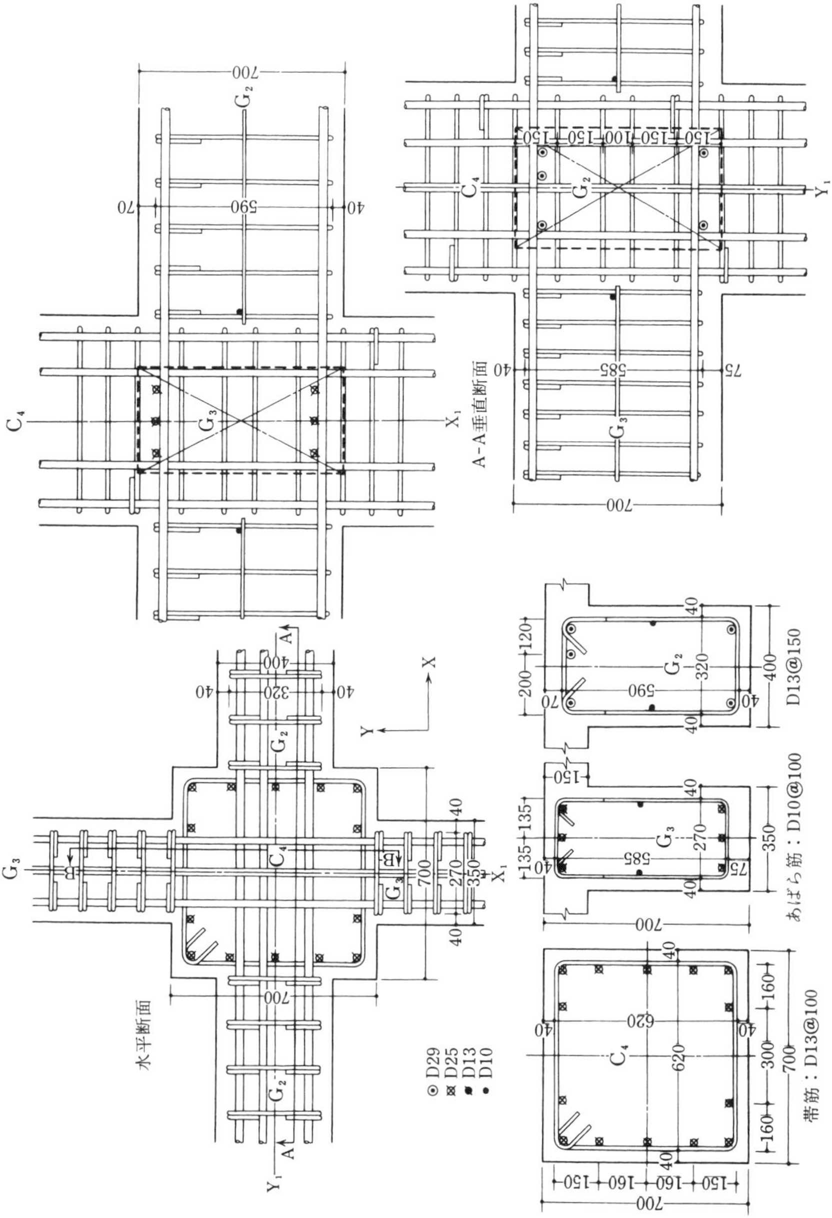

中柱接合部（C_4）
図 6.8 中柱の配筋納まり

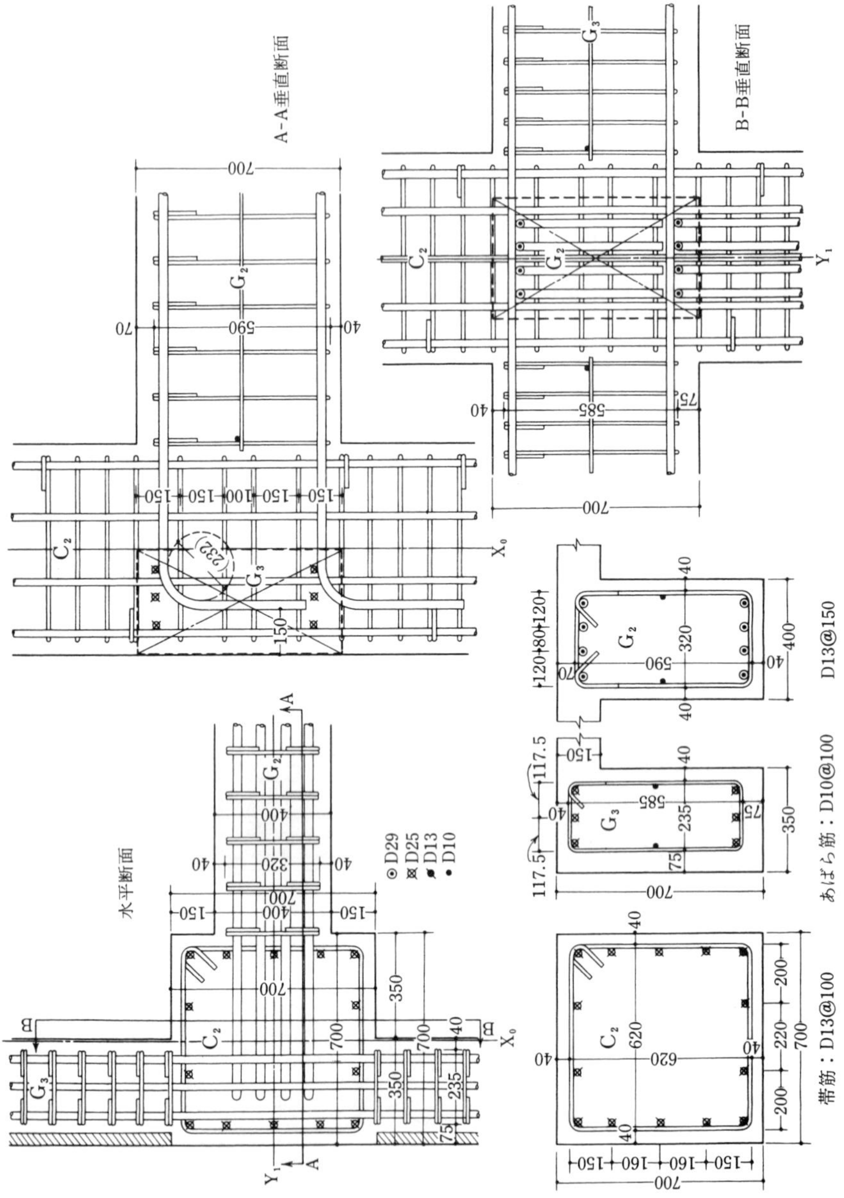

側柱接合部（1），（C₂）

図 6.9　側柱の配筋納まり

(b1)　柱：帯筋――異形鉄筋――片隅フック・フック先曲げ　(単位：cm)

主筋	帯筋 ＼ 主筋本数(本)	2	3	4	5	6	7	8	9	10
D16	D10	18.5	22.5	27.5	32.5	37.5	42.5	47.5	52.5	57.5
	D13	20.0	24.0	29.0	34.0	39.0	44.0	49.0	54.0	59.0
D19	D10	19.0	23.5	28.5	34.0	39.5	44.5	50.0	55.0	60.5
	D13	20.5	25.0	30.0	35.5	41.0	46.0	51.5	56.5	62.0
D22	D10	20.0	24.5	30.5	36.0	42.0	48.0	53.5	59.5	65.0
	D13	21.5	26.0	32.0	37.5	43.5	49.5	55.0	61.0	66.5
D25	D10	21.0	26.5	33.0	39.5	46.0	53.0	59.5	66.0	72.5
	D13	22.0	27.5	34.0	40.5	47.0	54.0	60.5	67.0	73.5
	D16	24.0	29.5	36.0	42.5	49.0	56.0	62.5	69.0	75.5
D29	D13	23.0	30.0	37.5	45.0	53.0	60.5	68.5	76.0	83.5
	D16	24.5	31.5	39.0	46.5	54.5	62.0	70.0	77.5	85.0
D32	D13	24.0	31.5	40.0	48.0	56.5	65.0	73.5	82.0	90.0
	D16	25.0	32.5	41.0	49.5	58.0	66.0	74.5	83.0	91.5
D35	D13	25.5	33.5	43.0	52.0	61.5	71.0	80.0	89.5	98.5
	D16	26.5	34.5	44.0	53.0	62.5	72.0	81.0	90.5	99.5
D38	D16	27.0	36.0	46.0	56.0	66.0	76.0	86.0	96.0	106.0

注)
1. 帯筋の形状は図のようにし，末端部折曲げは交互に異なる隅を折り曲げる.
2. 帯筋が 9ϕ，13ϕ，16ϕ の場合には，それぞれ D10，D13，D16 の表を準用する.
3. 屋外で耐久性上有効な仕上げのない場合は，表の数値に 2cm を加える.
4. 土に接する場合は，表の数値に 2cm を加える.

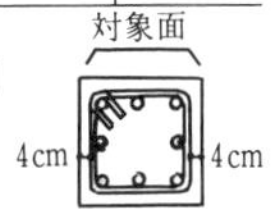

(b2)　はり：あばら筋――異形鉄筋――片隅フック・フック先曲げ　(単位：cm)

主筋	あばら筋 ＼ 主筋本数(本)	2	3	4	5	6	7	8	9	10
D16	D10	19.5	23.5	28.5	33.5	38.5	43.5	48.5	53.5	58.5
	D13	21.0	25.0	30.0	35.0	40.0	45.0	50.0	55.0	60.0
D19	D10	19.5	24.0	29.5	34.5	40.0	45.0	50.5	56.0	61.0
	D13	21.5	25.5	31.0	36.0	41.5	47.0	52.0	57.5	62.5
D22	D10	20.0	25.0	31.0	36.5	42.5	48.0	54.0	60.0	65.5
	D13	22.0	26.5	32.5	38.0	44.0	50.0	55.5	61.5	67.0
D25	D10	21.0	26.5	33.0	40.0	46.5	53.0	59.5	66.0	73.0
	D13	22.5	28.0	35.0	41.5	48.0	54.5	61.0	68.0	74.5
	D16	24.5	30.0	36.5	43.5	50.0	56.5	63.0	69.5	76.5
D29	D10	22.0	29.0	36.5	44.0	52.0	59.5	67.5	75.0	82.5
	D13	23.5	30.5	38.0	46.0	53.5	61.0	69.0	76.5	84.5
	D16	25.5	32.0	39.5	47.5	55.0	63.0	70.5	78.0	86.0
D32	D13	24.5	32.0	40.0	48.5	57.0	65.5	74.0	82.0	90.5
	D16	26.0	33.5	42.0	50.0	58.5	67.0	75.5	84.0	92.0
D35	D13	25.5	33.5	43.0	52.0	61.5	71.0	80.0	89.5	98.5
	D16	27.0	35.0	44.5	54.0	63.0	72.5	81.5	91.0	100.5
D38	D13	26.0	35.0	45.0	55.0	65.0	75.0	85.0	95.0	105.0
	D16	27.5	36.5	46.5	56.5	66.5	76.5	86.5	96.5	106.5

注)
1. あばら筋の形状は図のようにし，末端部折曲げは交互に異なる隅を折り曲げる.
2. あばら筋が 9ϕ，13ϕ，16ϕ の場合には，それぞれ D10，D13，D16 の表を準用する.
3. 屋外で耐久性上有効な仕上げのない場合は，表の数値に 2cm を加える.
4. 土に接する場合は，表の数値に 2cm を加える.

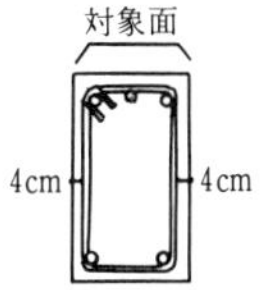

図 6.10　梁・柱の必要寸法

練習問題6

1．建築物の設計を行う際の役割分担について述べよ．

2．設計の流れ　　設計の開始から竣工にいたる流れについて述べよ．

3．下記の内容が正しいかどうかを述べよ．

a）鉄筋に対するコンクリートのかぶり厚さとは，鉄筋表面とこれを覆うコンクリート表面までの最短距離のことである．

b）床スラブの設計においては，鉛直荷重に対する強度を確保するとともに，過大なたわみ，ひび割れや，振動障害が生じないことを確認する．

c）コンクリートは，引張力に弱く圧縮力に強いが，大きな軸圧縮力を受ける柱ほど地震時の粘り強さが減少する．

d）柱の長期許容せん断力の算定においては，一般に，せん断ひび割れの発生を許容せず，帯筋や軸圧縮応力度の効果を無視する．

e）鉄筋コンクリート構造の剛性率，偏心率を算定する場合，腰壁や垂れ壁などについては，コンクリート打設後の収縮亀裂などを考慮して，その剛性を1/5に低減することができる．

f）梁に設ける設備用の貫通孔の径を，梁せいの1/2とした．

g）柱の断面の隅角部に太い鉄筋を配置したので，脆性的な破壊形式である付着割裂破壊の検討を行った．

h）曲げ降伏する梁の引張り鉄筋量をふやすと，柱・梁接合部への入力せん断力は大きくなる．

i）鉄筋コンクリート構造耐震壁の壁板の厚さは100mm以上，かつ，壁板の内法高さの1/30以上とする．

j）柱の帯筋の端部については，帯筋の両端を溶接することにより，帯筋端部にフックを設けない設計とした．

参考文献

1）日本建築学会『鉄筋コンクリート構造計算規準・同解説』(1999)
2）日本建築学会『鉄筋コンクリート造配筋指針・同解説』(2001)
3）日本建築センター『建築物の構造関係技術基準解説書』(2001)
4）杉原健児他『統計確率的手法による建築費概算把握に関する研究』第1回電子計算機利用シンポジウム，日本建築学会 (1979.3)

解　答

練習問題 1

1．鉄筋コンクリートの単位体積重量は 24 kN/m³ であるから，これに厚さや面積を乗ずる．

a）　厚さ 150 の床スラブ　　$0.15\times24=3.6\,\mathrm{kN/m^2}$

b）　600×600 の柱　　$0.60\times0.60\times24=8.64\,\mathrm{kN/m}$

c）　せい800×幅400の梁　　$0.80\times0.40\times24=7.68\,\mathrm{kN/m}$

2．全重量は，$50\times0.65=32.5\,\mathrm{kN}$，部屋の面積は $8.0\times8.0=64\,\mathrm{m^2}$ である．
積載荷重値＝$32.5/64=0.51\,\mathrm{kN/m^2}$

3．$d=0.0027\times150+8.51\times0.0+1.20=1.61\,\mathrm{m}=161\,\mathrm{cm}$ となる．

4．ガスト影響係数 G_f は，地表面粗度区分III，屋根高さ 25 m では，$G_f=2.5-0.4\times(25-10)/30=2.3$ となる．平均風速の高さ方向の分布を表す係数 E_r は，$H=20$ m，$Z_G=450$ m，$\alpha=0.20$ より

$$E_r=1.7(H/Z_G)^\alpha=1.7(20/450)^{0.2}=0.91$$

$$E=G_f\cdot E_r{}^2=2.3\times0.91^2=1.9$$

速度圧 $q=0.6EV_0{}^2=0.6\times1.9\times34^2=1320\,\mathrm{N/m^2}$

5．下記に計算結果を示す．

層	W_i(kN)	ΣW_i(kN)	α_i	A_i	C_o	C_i	Q_i(kN)
5	1000	1000	0.2	1.75		0.350	350
4	1000	2000	0.4	1.43		0.286	572
3	1000	3000	0.6	1.25	0.2	0.250	750
2	1000	4000	0.8	1.12		0.224	896
1	1000	5000	1.0	1.00		0.200	1000

ここに，$\alpha_i=\dfrac{\sum_{j=i}^{n}w_j}{\sum_{j=1}^{n}w_j}$

$$A_i=1+\left(\frac{1}{\sqrt{\alpha_i}}-\alpha_i\right)\times\frac{2T}{1+3T}$$

$$T=0.02H=0.41\,(\text{秒})$$

$$R_t=1.0$$

$$C_i=Z\cdot A_i\cdot R_t\cdot C_0$$

$$Q_i=C_i\cdot\sum_{j=i}^{n}w_j\,(\mathrm{kN})$$

6．

a）正しくない．単位面積当りの建物重量の大小関係は，通常は，「鉄骨構造＜鉄筋コンクリート構造＜鉄骨鉄筋コンクリート構造」の順になる．

b）正しい．

c）正しい．

d）正しい．

e）正しい．

f）正しくない．速度圧 $q=0.6EV_0^2$（ここに V_0：基準風速）である．

g）正しい．

h）正しくない．地域係数 Z は，過去の地震記録などから得られた地震動の期待値の相対的な比を表すものであり，その値は 1.0 以下 (1.0 ～ 0.7) である．

i）正しくない．振動特性係数 R_t の値は，建物固有周期が長い部分では，軟弱地盤の値の方が硬質地盤より大きい．

j）正しい．

練習問題 2

1．鋼材の許容応力度は，長期は $F/1.5$ で，短期は F である．F は鋼材降伏点の最小値であるから，鋼材により定まる長期安全率は 1.5 以上，短期の安全率は 1.0 以上ということになる．

2．$\sigma=E\varepsilon$，$\varepsilon=\Delta L/L$ から，

縮み量　$\Delta L=\sigma L/E=10\times 20{,}000/2.1\times 10^4=9.5\,\mathrm{cm}$

3．$\Delta L=5{,}000\times 20\times 1.0\times 10^{-5}=1.0\,\mathrm{cm}$

4．下記の 6 成分の力が作用すると考えられ，三つの力と三つのモーメントの釣合い条件が成立する．

$$\Sigma F_x=0,\ \Sigma F_y=0,\ \Sigma F_z=0$$

$$\Sigma M_x=0,\ \Sigma M_y=0,\ \Sigma M_z=0$$

ここに，F_x：X 方向の力，F_y：Y 方向の力，F_z：Z 方向の力，

M_x：X 軸周りのモーメント，M_y：Y 軸周りのモーメント

M_z：Z 軸周りのモーメント

5. 平面フレームの一般的な解析モデルとしては，下記の4種類が用いられている．これらのモデルは，どれが適切な解法であるかは対象構造物の性質や安全性の検討方法などを考えて選択する．

①「固定法」　節点の移動を考えない（梁や柱に部材角を生じない）とした解析モデルで，主として長期荷重時（鉛直荷重）の計算に用いられる．表形式の計算を繰り返す近似解法であり，必要な精度が得られたときに計算を打ち切ればよい．

②「D値法」　水平力に対して，柱・梁の反曲点が部材中央にあるとして求められた近似的な解法である．各柱のD値が求められると，その比率に応じて層せん断力が配分され，水平荷重時応力が計算される．

③「たわみ角法」　ほかの解析法の基本となる解析原理であり，線材として解析される場合の厳密解が得られる手法である．最終的には，変形（節点回転角と部材角）を未知数とする連立方程式となり，それを解いて解が得られる．

④「マトリックス法」　コンピュータで応力解析を行う場合の一般的な手法である．任意角度の部材を同等に扱い，マトリックス演算を利用して連続的に処理することにより，容易に大型フレームを解析することができる．

練習問題3

1. 3.2.1項に述べたように，鉄骨構造の特徴としては，

①優れた構造性能，②火に対する配慮，③錆に対する配慮，④鋼素材や部材の接合法，⑤運搬などがあげられる．

2. 一般鋼材としては，山形鋼，I形鋼，溝形鋼，H形鋼，鋼管，角形鋼管，鋼板があり，軽量形鋼としては，軽溝形鋼，リップ溝形鋼，軽Z形鋼，軽山形鋼などがある（**表3.3**参照）．

3. 3.3.1項に述べたように，鉄筋コンクリート構造の特徴としては，

①建築材料としての存在，②現場製作部材，③コンクリートと鋼材の協力などが，あげられる．

4. $E = 3.35 \times 10^4 \times (23/24)^2 \times (27/60)^{1/3}$

$= 3.35 \times 0.92 \times 0.77 \times 10^4$

$= 2.37 \times 10^4\,\mathrm{N/mm^2}$

5. 基礎形状には，下記の3種類の形式がある．

a）べた基礎（総基礎）　建物下全面に設ける基礎

b）布基礎　柱列や壁下に直線状に設ける基礎

c）　独立基礎　　　　　　柱下に独立して設ける基礎

6.

a）　正しい.

b）　正しい.

c）　正しい.

d）　正しくない. 圧縮材の許容圧縮応力度は，その材の有効細長比が大きくなるほど，小さくなる.

e）　正しくない. 部材断面を構成する板要素の幅厚比(幅／厚さ)を大きくすると，局部座屈が生じやすくなる.

f）　正しい.

g）　正しくない. 鋼材は，シャルピー衝撃値が小さくなると，もろくて硬い性質を示し，脆性破壊を起こしやすくなる.

h）　正しい.

7.

a）　正しくない. コンクリートのスランプを大きくすることは，一般に，耐久性の低下につながる.

b）　正しい.

c）　正しい.

d）　正しくない. コンクリートのヤング係数は，強度が同じならば，軽量コンクリートよりも普通コンクリートの方が大きい.

e）　正しい.

f）　正しくない. 変形能力のある建物とするためには，部材がせん断破壊する前に曲げ降伏するように設計する.

g）　正しい.

h）　正しくない. 鉄筋コンクリート柱のじん性は，一般に，圧縮軸力(軸方向応力度)が増大するほど低下する.

i）　正しい.

j）　正しい.

8.

a）　正しい.

b）　正しい.

c）　正しくない. プレテンション方式とは，コンクリートがまだ硬化していないので，型枠などを反力としてあらかじめ PC 鋼材に緊張力を与えておく方式である．

d）正しい．

e）正しくない．通常，高強度コンクリートを使用している．

練習問題 4

1.

a）歴史的には，屋根を支える小屋組みトラスとして欧米で発達した構造形式である．

b）トラス構造は，節点がすべてピンと仮定できるものであり，ピン節点のために部材両端には曲げモーメントが生じないので，部材応力は軸方向力のみとなる (部材の中間に荷重が作用しない場合)．

c）トラス部材が，安定して力を伝達できるためには，トラス形状は 3 角形を構成しなければならない．

d）鉛直荷重を支えるトラス形式としては，**図 4.3** に示したような形式がある．

e）大スパンを支持するには，ウェブ部分の重量が少く軽量であり有効な構造である．アリーナや格納庫 (ハンガー) などの大スパン構造によく用いられる．

2. 平行弦トラスの形式としては，鉛直荷重に対して斜材がすべて引張りとなるプラットトラス，斜材がすべて圧縮となるハウトラス，斜材が圧縮，引張り交互に生じるワーレントラスなどがある (**図 4.3** 参照)．

3. ラーメン構造の例としては，下記のようなものがあげられる (**表 4.1** 参照)．

a）純ラーメン構造

b）ベアリングウォール構造

c）連層耐震壁構造

d）主架構・従架構構造

e）スーパーフレーム構造

4. 主架構・従架構方式の構造は，主架構 (メガフレーム) 内に従架構 (サブフレーム) を入れ込んだものである．とくに共同住宅の例では，メゾネット形式の 2 階建て住戸を主架構内に入れ込んだ広島の基町住宅がある．

5. 立体骨組構造としては，折板構造，シェル構造，ケーブル構造，空気膜構造，スペースフレームなどがあげられる (詳細は，4.2 節参照)．

6.

a）正しくない．トラス構造は，鉄骨構造において用いられるのが一般的である．

b）正しい．

c）正しい．

d）正しい．

e）正しくない．空気膜構造は，外気圧と内圧（建物内部の空気圧）の差を一定に保ち，建物重量を空気圧差により支持するものである．

f）正しい．

g）正しくない．シェル構造のような連続的な屋根構造は，鉄筋コンクリート構造とすることが合理的であり，実例も多い．

練習問題5

1. 静的設計とは，地震時に建物に作用する力（層せん断力）と等価な水平力を地震荷重として与えて，建物構造体を設計するものである．動的設計とは，建物を振動モデルとして扱い，地震時の地動加速度を直接作用させて振動応答解析を行い，各時刻に建物に生じる変形や力を求めて，その最大値に対して建物構造体が安全であるように設計するものをいう．

すなわち，建物の振動状態を直接的には考えないで等価な荷重を与えるのが，静的設計である．動的設計では，地震荷重を使用することなく，地震時の建物挙動を直接解析して，設計・検討するのが特徴である．

2.

a）第1世代建物は，高さ31m以下（1963年以後は45m以下）の建物で，静的な震度法により設計されている．主として，中小地震に対して設計を行い，大地震には建物の構造的余力を期待していた．兵庫県南部地震時には，地震被害が多かった（1971年以前）．

b）第2世代建物は，建物高さが45m以下の建物で，十勝沖地震の経験に基づく1971年の法改訂によりRC構造の柱帯筋間隔が100mm以下になり，せん断補強筋が強化された時期の建物である（1971～1981年）．

c）第3世代建物は，宮城県沖地震の経験により1981年に改訂された新耐震設計法による60m以下の建物である．上層部の設計荷重の割り増し，高さが31mを超えるものや平面および高さ方向の剛性分布の悪い建物は強度を割り増すほか，大地震に対しての保有水平耐力の検討も義務づけられた．兵庫県南部地震時には，地震被害が少なかった(1981年以後)．

3．ダンパーは，地震時に建物へ入力するエネルギーを吸収する役割を持っている．ダンパーがエネルギーを吸収することにより，構造物本体に作用する力や建物に生じる変形量が少なくなり，結果として建物の耐震性が増すことになる．ダンパーがエネルギーを吸収する方法としては，金属材料の塑性履歴エネルギーを利用するもの，粘性体の減衰エネルギーを利用するものなどがある．

4．振動時に構造物に入る入力エネルギーを，内部に付加した振動系の共振現象を利用して付加振動系の運動エネルギーに変換してやると，構造物自体が受持つエネルギーが減少し，構造物の応答量が減少する．付加振動系の運動エネルギーは，同時に付加したダンパーにより吸収させる．付加質量の運動を利用していることから，質量効果機構と呼ばれている(**図5.5**参照)．

5．構造物の直下に免震層を設け，そこに水平方向の剛性が非常に低いアイソレータを設置し，水平方向固有周期を長く(通常3.0秒以上)している．固有周期が長くなると，建物はゆっくりと大きく揺れ，変形は大きくなるが加速度値は小さくなり，建物に作用する力が大幅に減少する．また，アイソレータとしては，薄いゴムと鋼板を交互に貼り合わせた積層ゴムアイソレータが用いられることが多い．

6．

a）　正しい．

b）　正しくない．ある階の層せん断力係数とは，その階の層せん断力をその階より上の建物重量で除したものをいう．

c）　正しい．

d）　正しい(ただし，45m以上という時代もあった)．

e）　正しくない．免震構造は，建物と地盤を水平方向に柔らかいアイソレータによりつないで地震入力を減少させ，さらにダンパーを設置してエネルギー吸収を図った構造である．

f）　正しい．

g）　正しい．通常，建物の振動は1次振動によるものが支配的である．TMDは，建物の1次固有周期とダンパー周期を同調させて，振動外乱による入力エネルギーを吸収しようというものである．

練習問題 6

1．下記の 4 部門が主たる役割分担である（**表 6.1** 参照）．これらは，職能として定着しつつあり，木造住宅以外ではほとんどこの 4 者の協力により設計が行われる．

a） 意匠関係者が，いわゆる意匠設計を行い，工事としては仕上工事（外装，内装，床，天井，間仕切など）を担当する．

b） 構造関係者が，いわゆる構造設計を行い，構造躯体工事（コンクリート，鉄筋，鉄骨，杭など）を担当する．

c） 設備関係者が，いわゆる設備設計を行い，空気調和，衛生，電気関係の設備工事（空調，衛生，電気，エレベーター，エスカレーターなど）を担当する．

d） 積算関係者が，建築工事費の算定（積算）を担当する．

2．一般的な建物の設計の流れは**図 6.1** に示すように，

企画 → 基本計画 → 基本設計 → 実施設計 → 確認申請 → 着工 → 竣工

と進んでいく．

3．

a） 正しい．

b） 正しい．

c） 正しい．

d） 正しい．

e） 正しくない．鉄筋コンクリート構造の剛性率，偏心率を算定する場合，腰壁や垂れ壁等の剛性を低減すると，必ずしも安全側の計算とはならないことがある．むしろ，あるがままの状態を適切に評価することが大切である．

f） 正しくない．梁に設ける設備用の貫通孔の径は，梁せいの 1/3 以下とするべきである（安全サイドの考えによれば，6.3.5 項に記述したように 1/5 以下が望ましい）．

g） 正しい．

h） 正しい．

i） 正しくない．耐震壁の壁板の厚さは 120 mm 以上，かつ，壁板の内法高さの 1/30 以上とする．

j） 正しい．

付録

過去の地震被害例

日本において生活する限り，地震から逃れることはできないので，地震によりどのような被害を生じるかをよく認識しておくことは大切である．

建築物の耐震設計は，過去の地震被害に応じてその都度修正されてきており，いわば経験工学的な面がある．その意味でも，過去の地震被害例を知っておくことは大変重要なことである．

ここでは，被害が大きかった地震を取り上げ，その代表的な被害例を説明している．国内のみならず，海外の地震においても教訓として学べる要素は多くある．

1．1964年新潟地震
(1)

地盤変動による被害が特徴的な地震であった．
地盤の液状化により地盤が支持力を失い，傾斜した4階建て建物の例である．

2．1964年新潟地震
(2)

直接基礎の川岸町の県営アパートは，地盤の液状化により支持力を失い，写真のように仰向けに倒れこんでしまった．
緩やかに倒れこみ，死傷者は出ていないという．

3．1968年十勝沖地震
(1)

鉄筋コンクリート低層建物の柱のせん断破壊が特徴的な地震であった．
柱がせん断破壊した3階建ての鉄筋コンクリート造校舎建物の例である（函館大学）．

4．1968 年十勝沖地震 (2)

3階建ての三沢商業高校の被害例である．
写真右側の建物と衝突した可能性もあり，左側の柱および妻壁が圧壊して崩壊した．

5．1978 年宮城県沖地震 (1)

鉄筋コンクリート構造の被害とともに，仕上げ材や建築設備のような非構造部材の被害が特徴的な地震であった．
1階柱が崩壊して傾斜した3階建て鉄筋コンクリート造建物の例である．

6．1978 年宮城県沖地震 (2)

3階建ての鉄筋コンクリート造建物の例である．
左側に階段室があり，建物短辺方向の平面的な偏心量が多く，高さ方向にも上階が住宅で戸境壁があり剛性率も悪かった．
結果として，階段室と反対側の柱に被害を生じている．

7．1995年兵庫県南部地震(1)

古い木造住宅の倒壊，高層建物の中間層破壊，都市のインフラ施設被害が特徴的な地震であった．

淡路島北淡町の震源付近の断層亀裂で，1.4 m の右ずれ，55 cm の隆起を生じた．写真の建物は，塀を除いては特に構造的な被害は生じなかったようである．

8．1995年兵庫県南部地震(2)

阪神高速道路 3 号神戸線の被害である．上部と一体構造のピルツ橋の橋脚 17 本が 635 m に渡り崩壊した．このために高速道路とその下の一般道路が利用できず，災害援助や復旧に支障をきたした．

9．1995年兵庫県南部地震(3)

8 階建ての下部鉄骨鉄筋コンクリート造・上部鉄筋コンクリート造建物の 6 階が崩壊した建物の例である．地震後には，上部を解体して建物重量を軽くし，耐震改修を行い現在も使用されている．

10. 1985 年メキシコ地震 (1)

太平洋側の震源から遠く離れたメキシコ市に大きな被害を生じた地震であった．
水平方向の抵抗力が不足し，床と床の間の柱が完全に破壊されており，居住者がいれば人命を損なう破壊形式である(パンケーキ型破壊)．

11. 1985 年メキシコ地震 (2)

世界的には一般的な工法である柱梁が鉄筋コンクリート構造で壁はれんが造であると，耐震的な余力は少ない．
１階柱の崩壊により転倒した建物の例である．

12. 1989 年ロマプリータ地震 (1)

サンフランシスコ近傍に被害を生じた米国カリフォルニア州の地震である．
写真のような鉄骨れんが造では，妻壁が面外に倒れ落下しても，自重は鉄骨構造で支持しているので崩壊の可能性は低い(オークランド市の建物)．

13. 1989 年ロマプリータ地震(2)

スタンフォード大学の教会であるが，銘版によると1906 年のサンフランシスコ地震で被害を受け修復して，今回の地震でも 80 年を経てまた被災した．
地震被害の周期性を感じさせる銘版である．

14. 1999 年台湾・集集地震(1)

台湾北西部各地で大きな被害をもたらした地震であった．
写真は，霧峰郷の光復国民中学校のグラウンドに生じた断層(断層高さ 2 〜 3 m)である．この断層の延長上にある同中学校校舎は大被害を受けたが，道路を隔てた小学校は小被害で地震後も開校していた．

15. 1999 年台湾・集集地震(2)

台中市の高層マンションの被害で，1 〜 3 階が崩壊して落階し，つなぎ部分が強制的に変形させられた建物の例である(鉄筋コンクリート造と推定される)．

索　引

〈あ　行〉

〈か　行〉

〈さ　行〉

〈た　行〉

〈な　行〉

〈は　行〉

〈ま 行〉

〈や 行〉

〈ら 行〉

〈わ 行〉

著　者　略　歴

寺本　隆幸（てらもと・たかゆき）

1964 年　東京工業大学理工学部建築学科卒業
1966 年　東京工業大学理工学部大学院修士課程建築学専攻修了
1966 年　㈱日建設計入社構造部勤務
1983 年　㈱日建設計構造部長
1988 年　工学博士号（東京工業大学）取得
1997 年　東京理科大学工学部第二部建築学科教授
2009 年　東京理科大学工学部名誉教授　現在に至る
専　　攻　構造計画，耐震設計，制振構造，免震構造
主要著書　『建築構造の設計』（共著）オーム社（1993）
『動的外乱に対する設計－現状と展望－』（共著）
日本建築学会（1999）
『免震建築の設計とディテール』（共著）　彰国社（1999）
他

建築学入門シリーズ
建築構造の計画

2004 年 2 月 10 日　第 1 版第 1 刷発行
2025 年 2 月 28 日　第 1 版第 9 刷発行

著　　者　寺本隆幸
発 行 者　森北博巳
発 行 所　**森北出版株式会社**
東京都千代田区富士見 1-4-11（〒 102-0071）
電話 03-3265-8341／FAX 03-3264-8709
https://www.morikita.co.jp/
日本書籍出版協会・自然科学書協会　会員
JCOPY　＜(一社)出版社著作権管理機構 委託出版物＞

落丁・乱丁本はお取り替え致します　印刷/太洋社・製本/協栄製本

Printed in Japan／ISBN978-4-627-50521-6

MEMO

MEMO